여름의 반란

천영필 외

고려대학교 평생교육원 시창작과정
2018년 1학기 엔솔로지

여름의 반란

천영필 외

고려대학교 평생교육원 시창작과정 학우들의
올해 여름보다 핫한 詩! 가슴 뜨겁고 열정 가득한 詩!

문학공원

• 발간사

시로 듣는 마음 연주회

김 순 진 지도강사

사람이 마음을 표현해 불특정다수의 많은 사람들에게 전달할 수 있는 방법은 그리 많지 않습니다. 그 방법의 첫 번째가 글입니다. 글은 마음의 그림이라 했습니다. 두 번째가 미술입니다. 미술은 그림으로 그리는 글이어야 합니다. 세 번째가 음악입니다. 음악은 멜로디로 쓰는 마음의 글이라 할 수 있습니다. 이 세상 모든 길이 로마로 통한다는 말이 있듯이 모든 학문의 길은 글로 통합니다.

그런 학문의 길과 소통의 길 중심에 시가 있습니다. 인쇄문화가 발달되어 수많은 종류의 책이 시중에 나와 있지만, 그래도 사람들은 시를 선호합니다. 옛날에는 시만을 가지고 과거를 보았습니다. 시는 단순히 시만을 가르치는 것이 아니라 문학 전반의 기술을 배우는 것입니다.

시는 결국 종합예술장르입니다. 시는 우선 아름다운 말을 대상으로 하니 마음이 평화로워집니다. 그런데다가 모든 것이 소재가 될 수 있음으로 무궁무진합니다. 시의 변신은 사람들의 시선을 잡아두고 설레게 하기에 충분합니다. 말을 채우고 낭송하는 작업은 가히 예술의 완성이라 할 수 있습니다.

일찍이 사람들은 그 사람의 됨됨이를 판단할 때 신언서판(身言書判)이란 말을 썼습니다. 몸과 말과 글, 그리고 평판이 그것이지요. 그러므로 글, 즉 시는 사람의 됨됨이를 판단할 때 세 손가락 안에 드는 가치의 척도였음이 증명되는 말입니다. 이번에도 됨됨이 괜찮은 사람들이 모여서 엔솔로지를 만듭니다. 저는 연주회와 전시회 관람을 좋아합니다. 그런데 연주회와 전시회를 동시에 보여주는 책이 출판된다고 하니 열린다니 자못 설렙니다. 마음연주회에 하루 빨리 많은 사람들에게 보여주고 싶은 마음에 달뜹니다.

이 좋은 배움의 장을 만들어주신 고려대학교 평생교육원 원장님과 사무실 직원 분들께 감사드립니다. 또한 여러모로 부족한 저를 따르고 배워주시는 모든 분들께도 머리 숙여 감사의 인사를 드립니다.

2학기에도 많은 분이 등록하셔서 함께 공부하기를 희망합니다.

2018년 8월 23일

차례

<접수순>

4 발간사 / 김순진

초대시

10 김순진 - 풍선껌을 불다 외 2편

1부. 오빠의 포토존

18 이진수 - 사는 날 동안 외 2편
21 김면희 - 칼바위 어머니 외 2편
24 최예은 - 이방인이 되다 외 2편
28 김태호 - 오빠의 포토존 외 2편
33 천영필 - 유전자 외 2편
36 신명수 - 누릉지 외 2편
41 이혜수 - 여름의 반란 외 2편

2부. 엄마의 꽃밭

46 김소현 - 설왕설래 외 2편
52 김래영 - 휴休, 휴우 외 2편
57 조정훈 - 부추꽃 외 2편
64 임서정 - 그녀에게 중독되다 외 2편
68 이오동 - 어두일미는 거짓말 외 2편
72 김무늬 - 한 주간의 심리예보 외 2편
75 서동석 - 갈대의 사랑법 외 2편

3부. 목도리 편지

80 한성춘 - 허공의 소화력 외 2편
84 이호재 - 콩이와 솜이 외 2편
87 김창석 - 돌의 정원 외 2편
90 김영섭 - 목도리 편지 외 2편
96 전하라 - 바코드를 새긴 발가락 외 2편
100 조은숙 - 태백선 열차 외 2편
104 김순수 - 그런 놈 외 2편

4부. 나무가 말을 걸다

108 박찬숙 - 사진 한 장 외 2편
112 김경희 - 배고픔의 전설 외 2편
117 김선균 - 나무가 말을 걸다 외 2편
121 안춘식 - 바람
122 이재하 - 모자, 혹은 아내 외 2편
126 이정일 - 숙자 엄마 외 2편
129 장영자 - 말린 대구 외 2편
132 정일주 - 고향 여름밤의 진술서 외 2편
136 황주영 - 거실에 핀 냉이꽃 외 2편

초대시

풍선껌을 불다 외 2편

김 순 진

어제 바람벽에 붙여 놓았던 풍선껌을 또 씹는다
푸 불면 커졌다 얼굴에 탁 터지고
주섬주섬 때 낀 손톱으로 긁어 입에 넣기를 반복한다

푸우푸우 풍선껌을 불 때마다 어머니의 꿈과
아버지의 구차가 부풀었다 사그라든다
그래도 큰애는 중학교라도 눈을 뙈줘야지요
엄마의 풍선은 하늘을 날아오르고
무얼로 갈칠 거요
눌 자릴 보고 다릴 뻗어야지
아버지의 풍선은 바람이 빠지는지 뱅글뱅글 돈다
결국 나는 중학교 졸업하고
월 사천 원에 한 달에 두 번 쉬는 답십리 제너레다공장에 취직했다
길고양이 울음이 골목에 갇힌 나처럼 앙칼진데
교복 입은 또래들이 춘분의 골목을 달구며 간다
그때 나는 껌처럼 나를 부풀리고 싶었다
아버지는 질긴 세상을 질겅질겅 씹어야 했다
그러다 박빙의 어머니를 그만 터뜨리고 말았던 것
풍선껌은 단물이 빠져야 비로소 크게 불어짐을
나는 열일곱 나이에 벌써 깨달았다

오랜만에 또다시 풍선껌을 분다
이제라도 허기지게 풍선을 불어서
엄마를 애드벌룬처럼 띄우고 싶다

나는 매우 이지적이다

나는 한때 이지적이었다
외국을 동경하고 꽃을 사랑했다
미국으로 이민 간 당숙을 졸라 나를 데려달라고 했고
산속에 홀로 들어가 풀꽃 냄새에 취해 하루를 보내기도 했다
때론 빗속을 거닐기도 하고
언덕에 올라가 홀로 바람을 맞기도 했다
그러다 한때는 매우 이지적이었다
왠지 가방에 시집 한 권 들어있어야 든든한 듯 느껴졌고
가끔 홀로 찻집에 들어가 몇 시간씩 죽을 쑤기도 했다
결국 나는 매우 이지적인 사람이기를 원해 시인이 되고자 동경했다
그런 나의 생활은 이지적일수록 곤두박질쳤다
결국 나는 공장과 노동을 전전했다

참말이지 말입니다
정말이지 말입니다
공장과 노동판에서의 나의 理智는
나와 생각이 다른 주임과 십장의 말에 맞장구쳐야만 하는 異志였다

나는 나의 이지를 위해 모든 것을 내려놓고
배수진을 치며 시를 썼다
그리하여 나는 시인이 됐고
결국 나는 지금 매우 理智的이다
볼품없는 조약돌이 너무나 좋다
길가에 핀 풀꽃과 몇 시간씩 대화를 나눈다

나는 시인이지 말입니다

삶은 계란

삶은 계란이다
누군가 낳아주어야 한다
태어나면 데리고 다니며 먹여주고 길러줘야 한다
안에서도 껍질을 깨고 나올 수 있지만
줄탁동시로 밖에서도 깨주면 좋다

뜨거운 맛을 보아야 익는다
껍질이 벗겨지는 아픔을 견뎌야 한다
사노라면 가끔 목이 메이는 일이 생긴다
보통 사람들은 흰자위처럼 보드라운 걸 좋아하지만
실은 뻑뻑한 채 잘 넘어가지 않는
그래서 기름을 칠해야 넘어가는 삶일수록 의미가 있다

스스로를 뜨겁게 삶아놓으면 다른 사람의 목숨도 살릴 수 있고
스스로 삶아보지 않고 윈도우 밖에서 바라보고 있으면
계란은 내 차지가 될 수 없다
잘 삶아지는 남의 계란을 들여다보며 부러워하지 말고
내 삶이 푹푹 삶아지도록 견디고 기다려야 한다

병아리를 부화시키는 일이나
닭을 기르는 일은 몇몇 사람이 하면 된다

우리는 그냥 계란을 삶아 가족이나 이웃과 나누며
소풍 같은 삶을 살아야 한다
밤기차를 타고 삶은 계란을 먹으며
다른 세상을 꿈꿔야 한다

1부
오빠의 포토존

사는 날 동안 외 2편

이 진 수

웃어 본 날이 언제였던가
화 내본 날이 언제였던가

실패에서 철학을 배우고
시련에서 낮춤을 배운다

나 없는 시련이 있겠는가
나 없는 고난이 있겠는가

시련과 고난에 감사하라
견뎌온 역사에 감사하라

고난에 분노가 사라진다
시련에 교만이 사라진다

위기에는 지혜로 넘기고
고난에서 기회를 잡아라

나의 이웃에게 봉사하고
나의 하나님께 감사하라

기도

애잔합니다
살기 위해 아귀 같이 돈을 벌어야 하고
공의는 생각도 못한 인고의 세월

용서합니다
살아남기 위해 발버둥치고 묵은
땅을 일구며 실패한 세월

원합니다
부질없는 욕심 다 버리고 인애로
소박한 믿음으로 살게하소서

기도합니다
나 자신을 이웃을 나라를 위해
사랑과 기도로 살게 하소서

소망합니다
하나님을 의지하며 나를 내려놓고
믿음으로 살게 하소서

사랑합니다
오늘 최선을 다해 사는 당신의
아픔마저 사랑합니다

그대 지금 뭐하고 사노

개구리 노랫소리 잦아드는 논두렁
매실이 노랗게 익을 즈음

주렁주렁 매단 찢어질 것 같은
모과나무 비명에 놀라

얼굴 붉힌 자두 고운 미소에
하얀 밤꽃 부러워 자지러지는 오후

유월은 짙은 녹음에 잠들고 붉은
봉숭아 꽃잎 바람에 달려와

하얀 접시꽃 당신 앞에 엎어져
속량 없이 울고 간 빈자리

아무것도 할 수 없는 손놓아
바라보는 세월 앞에 청춘은 가고

숭고한 유월의 절규는 비명 속에
현해탄을 건너 사라져 간다

칼바위 어머니 외 2편

김 면 희

우리 마을 위에는 칼바위가 있다
동네 중심에 개울이 있고
붕대로 칭칭 감은 100년 된 정자나무 밑에서
장구치고 북치고 떡시루 고사 지내고 푸짐했다
겨울 동안 잠자던 논과 밭두렁 소를 앞세우고
쟁기로 깊이 파 수수심고 콩 심어 알곡을 기대했다
어머니 삼베 적삼 기어 입고 가마솥에 밥을 지어
도시락 주머니에 변또를 넣어주셨다
허기진 마음에 뚜껑을 열어보면 반찬은 이미 고추장비빔밥이 되었다
책 보따리 허리춤에 채우고 집에 오면 밀기울로
개떡 쪄서 등판에 놓으시고 어머니는 일 가시어 보이지 않는다
밤이면 길쌈하여 찔꿍짤꿍 삼베 짜는 소리
장단 맞춰 콧노래 부르시던 우리 어머니

칼바위만 여전히 어머니처럼 그 자리에 서 계신다

산수유꽃 진 자리

너를 사랑한다 말해주고 싶다
그렇지만 누구에게 말해주긴 해야 하는데
마음 놓고 말해줄 친구가 없다
높은 산에 가고 싶다
산에는 사다리와 배가 없다
무심히 너의 중얼거리는 소리를 듣는다
따사로운 햇빛에게 들려주고
놀러온 산새에게 들려주고
시냇물 소리에게까지 들려주고 싶다
너희들은 봄이 되면 다시 올 것이다
외로울 때 내 가슴에 꽃이 되고
깜깜할 때 빛이 되는 너
나는 아름다운 봄이 올 때까지
너를 기다리며 그리워할 것이다
눈밭 속에서도 나는 당신만을 사랑한다

춤추는 탑

어쩌다가 민요무대에 서게 돼
한복을 구입하고자 동대문시장에 갔다
한복을 맞추고 시장 입구를 나오는 중에
탑이 춤추듯 걸어간다 5층탑이다
좁은 시장 골목을 배달 나가는 아주머니
머리에 인 쟁반이 탑을 이루었다
아슬아슬 무너질 듯 얗은쟁반 옥개석 아래
사리합 같은 스텐 그릇엔 밥알이 사리로 담겼다
저보다 공든 탑이 어디 있겠는가
한 층씩 헐어서 밥 먹는 시장 사람들
채소 심고 벼 심는 농부들의 땀과
고기 잡고 김 파래 말리는 어부들의 땀과
숟가락 젓가락에 쟁반 그릇 만드는 노동자들의 땀이
고스란히 쌓고 쌓여 탑을 이루었다
얗은쟁반 옥개석을 5층까지 차곡차곡 포개 얹고
붐비는 시장 골목을 누비는 춤추는 쟁반탑의 주인은
온갖 지혜와 공덕을 쌓은 대한민국의 대표 서민 어머니
우수한 설교보다도 배고픈 중생의 시장기를 달래주는
저 무한한 자비의 5층 쟁반탑 밥사발 속 가득한 사리들로
시장 사람들의 번뇌와 죄악이 소멸된다
옴마니반매훔, 오마니 밭 매고 집으로 오세요
밥상이 고향 들 밭둑의 어머니를 부르고 있다

이방인이 되다 외 2편

최 예 은

살기 위해 고향을 떠나온 부모님 그늘 밑에서
피죽도 못 먹었던 어려웠던 시절
유년의 꿈이 무성히 자라던 부산 장산역엘 갔다
그곳은 별천지가 되어 있었다
수많은 세월을 먹은 인연이 스친다
멀고도 가깝게 떠오르는 얼굴들
동래시장 온천장 먹자 골목길
소소한 데이트 추억이 파도에 쓸려나간다
시간의 경계는 모래성처럼 허물어진다
푸른 바닷가의 비릿한 내음에 마음이 젖어든다
갓 잡아 올린 활어의 눈빛이 총총한 자갈치 어시장
갈매기 소리에 파도 소리에 묻히는 송정 둘레길
사계절 축제의 한마당이었던 해운대 바닷가
정겹던 젖은 기억이 밀물져 온다
휘황찬란한 도시의 주인이 될 수 있을까
반심반의의 순백한 마음에 백열등을 밝힌다
목적지는 어느새 차가운 콘크리트 출입구
어느 세월의 한 모퉁이에 서서 지나온 시간
겨울 장승처럼 나를 불러 세운다

나는 내가 자라난 고향을
낯선 도시의 이방인으로 걷고 있다

새싹인삼

거리마다 붉은 장미 도도한 미소로 월담하는 5월 늦은 봄날
작은시누이가 환갑이라는 기별을 받았다
남편이 시집오기 전 박씨 집안에 제일 예쁘고 단아하고
솜씨 좋은 천생 여자라고 칭찬받던 그녀
맏며느리로 생의 바쁜 걸음 달려오느라 힘들었을 그녀
고운 얼굴 위에 세월의 흔적은 늘었지만
가족에 대한 뿌리 깊은 믿음은 완고해 보인다
생일날 가족들에게 밥 한 끼 먹이려고 몇 날 며칠 분주하다
주부 9단의 솜씨로 상다리 휘어질 정도의 음식들
임금님 수라상이 부럽지 않을 진수성찬이다
그중 눈에 콕 들어오는 새싹 삼이 배시시 웃고 있다
어서 먹어보라고 건네주시는 작은시누이
여린 다섯 장의 잎과 하얀 숨뿌리는 윤기가 탱글탱글하고
쌉싸름하면서도 끝 맛은 달달하니 향이 진하다
조카가 엄마를 위해 준비한 효도선물이다
뜨거운 태양을 담아낸 듯 온몸이 짜르르하며
한참 동안 입안에서 시원한 녹음이 머문다
혈관을 타고 드는 사포닌은 금세 그 기운이 솟아올라
내 심장에서 불끈불끈 고동치는 소리가 들린다

자신은 한 입 먹지 않고 가족들을 챙기는
그녀의 정이 오랫동안 쌉쌀하게 감돈다

썸머 페스티벌

언제부턴가 내 아이의 마음속에
여신처럼 자리 잡은 걸그룹 가수들
그녀들을 꼭 볼 거라는 집념은 노랫말로 들렸다
TV쇼 녹화로 그녀들이 울산 온다는 당일 날
벌겋게 타올랐던 해거름 태화강변을 물들이고
아이와 함께 늦지 않으려고 부랴부랴 공연장에 도착했다
전날까지만 해도 예상치 못했던 태화강변은
청소년들로 인산인해였다

칠월의 폭양을 부둥켜안은 사람들 가슴속
끈적임과 부대낌 그리고 비릿한 땀 냄새
다행히 종이 팔찌 찬 아들은 운 좋게 선착순 입장했다
축제의 서막을 알리는 팡파르가 울린다
포장마차마다 주인의 손놀림은 바빠지고
열기에 지친 관객들에게 의자들이 호객행위를 한다
집채만 한 무대조명의 현란한 화려함
짙은 어둠 속에서 가쁜 숨 내리쉬는 가수들의
심금을 울리는 라이브 퍼포먼스

젊음의 열기가 점점 식을 갈 때쯤
하늘 높이 폭죽이 터지며 피날레를 장식했다
사운드 소음 속에 티 없이 맑은 동심

나도 이 순간만큼은 부모를 벗어나 청소년이 된다

오빠의 포토존 외 2편

김 태 호

세 봉우리 골짜기 좁다란 외곬에서 맞닥뜨렸다
예고 없이 우연이 아니면 바람같이 스칠 그때 그 자리
허리 감길 듯 비키니 버티니 붙어 선 절벽에서
눈앞에 마주선 그녀가 손바닥 펴고 스스럼없이
스마트폰을 내민다

오빠 요기 눌러 주세요
숲속의 요정처럼 난데없이 나타나 마치 다정한 연인처럼
요기가 어딘데
어디긴 어디기요 요기도 몰라요?
좀 더 가까이 요기 바짝 요기요 요기
떨지 말고요 눈 아래는 낭떠러지 한눈팔지 마세요

자원봉사 산림감시원 딱따구리 벗 삼은 나는
산불조심 어깨띠 삐딱하게 휘둘러 감고
진입금지 캐멀과 불티나는 허리춤에 쑤셔 박고
밑 빠진 휴대용소화기 멜빵 걸어 매달고
갤럭시 A8을 받아들고 되묻는다
어딜 어떻게 무얼 어떻게 얼떨떨하다

오빠 거기 말고요 요기라니까요 요기
좀 더 가까이 다가오면 되잖아요 바짝 요렇게

아니 오빠 너무 멀어요 멀었어요 아직 아득해요
물구나무선 삼각산 깊은 샘 골 홈+플러스
바로거기 역삼각 토플리스 키포인트,
키웨스트 마이애미비치 파라솔 아래요

그녀는 18년산 비키니 신상품 모델이었다

이주

그녀 이름은 쑥부쟁이 태생은 북미 거친 들녘 다듬지 않은 길섶이다 군용트럭이 일으키는 연막 같은 먼지를 쓰고도 얼굴은 늘 희맑다 그녀 애인 솔저는 유사시 가장 치열한 전투지역에 투입될 보병이다 그는 쓰린 한때 짓밟힌 나라의 토지를 맥없이 빼앗기고 밥벌이 이주민으로 태평양 건너간 날품팔이 2세였다 그의 주특기는 탄약보급으로 전선에 탄약 공급임무를 띄었다 그녀는 그의 막사 초입에서 보초 서듯 배웅하고 마중하며 전투 훈련마치고 귀대하는 솔저를 흰 바탕 노란 점박이 손수건으로 땀을 닦아 주곤 했다 모든 과정을 거친 뒤 그는 예정대로 수송기에 완전무장 탑승했다 출정지는 코리아의 북위 37.6도 동경 127.0도 조금 더 깊숙이 중부전선 전투지역이다 개인 회기와 실탄상자도 함께 얹혀 갔다 그녀는 미송으로 짠 실탄상자 틈새에 씨앗품고 동승했다 그녀의 씨는 아무 눈에도 띄지 않았고 알몸검색대도 들키지 않았다 엑스레이 검역도 걸리지 않았다 상자안쪽 귀퉁이에는 실탄공장 직공들이 씹다 붙여 놓은 츄잉껌도 있었고 빅토리(victory)라는 간절한 소망도 적혀 있었다 그는 하얀 손수건 흔들리는 길섶을 작별하고 떠났다 탄약상자는 최전방 보병소총수 M1앞에 나눠졌다 하얀 얼굴 그녀는 그의 바짓가랑이에 껌딱지 같이 붙어 다녔다 떨어질 수 없었다 그는 적과 맞닥뜨리면 토치카를 넘나들며 육박전도 치렀고 만세교와 삼팔교 보급로에서 조

명탄 조각이 꽃눈같이 쏟아질 때 탄약상자 끌어안고 불탔다 말라붙은 껌딱지는 핏물로 녹아내리고 그녀는 바짓가랑이 놓고 그의 가슴에 눈 틔우고 뿌리내렸다 금발의 그녀는 해마다 그맘때 그 자리에 그리움을 기다리고 있다

가시 숲

크레인으로 올려붙인 가시는 구름을 찢고
밤을 지우며 도시는 자라난다

잡귀도 꺼린다는 가시나무 탱자가지
가시마다 가지치고 숲을 이룬다

발돋움하고 기껏 치솟아도
끝끝내 도달하는 꼭지점은 허공인 것을

새벽달은 한 마리 수벌같이
여명이 물드는 탱자꽃에 매달린다

유전자 외 2편

천 영 필

태초 그분은 신으로부터 시작이다
조상에서 나로 이어지고
자식으로 이어지는 길에 서 계신다
한없이 작아지는 우리들의 그분은
생과 사를 곁에 두고 살아오셨다
조심조심 드러내지 않으시고
우물쭈물 존재하시는 듯 마시는 듯 하셨다
나도 그 가운데 통로에 서 있다
그분의 유산은 헛기침이 전부다
그분의 유산은 헛웃음이 전부다

그에게서 길을 찾다

세상 길을 잃고 방황할 때는 그에게로 갔지
골몰한 일에서 한 발 물러나 보면 그가 저만치서 오라고 손짓한다
평소에 보이지 않더니 살짝이 미소짓고 유혹한다
힘차게 뻗어온 뼈대를 세우고 핏줄에 자양분을 운반하면서도
드러내고 자랑하지 아니한다
겸손도 배워라
그를 만나기 위한 걸음은 첫 번째가 한 발부터다
서두르지 말라고 한다
누구누구를 가리지 아니하고 모두를 포용한다
다람쥐도 도토리도 있다
시원한 풍광이 있다
바위도 소나무도 있다
계곡도 물도 있다
참 대단한 부자요 대 박물관이다

나를 방황에서 구해준 그
내 입에선 그의 예찬이 끝이 없다

고벽진 선생님

나는 길을 걷다가 구걸하는 사람을 보면
지나치지 못하고 지전 몇 닢을 두고 간다

4학년 때 담임선생님은
막 교대를 졸업한 풋내기 선생님이셨다

수돗가에서 물 한 사발 들이켜고 철봉대 미끄럼틀 시소를
배회하는 점심시간이면 외톨이인 내게 다가오셨다

동전 서너 개를 내 주머니에 쏙 넣어 주시고는
씩 웃으시곤 멀어지셨다

많지도 않은 연세에 유명을 달리하셨는데
선생께서는 아직도 내 가슴에 사신다

누룽지 외 2편

신 명 수

굴뚝새가 어둠을 물어오기 시작하는 이른 저녁
뒷동산에서 뛰놀던 아이들 코끝을 간질이는 밥 짓는 냄새
고된 풀 냄새에 얹혀있던 시큼한 땀내가 터벅터벅 집으로 향하고
나지막하고 옅게 드러누운 구수한 연기가 마을을 휘돌아 내려앉는다
가마솥 뚜껑이 하품을 하다 게슴츠레 실눈을 뜨기를 여러 번
드디어 옷고름을 풀어헤치고 철퍼덕 부뚜막에 앉아 속살을 들어낸다
부지런한 손놀림에 비워져가는 욕망과 마지막 남은 단단한 자존심

조미되지 않은 순수함을 간직한 하얀 속살
그을린 얼굴이 빚어내는 건강미의 화장기 없는 해맑은 미소
아무리 탐하여도 물리지 않는 수수께끼 같은 비밀
명문가 출신 산해진미의 본류를 머쓱하게 하는
누구하고도 잘 어울리는 오지랖 넓은
늘 정열적인 불과 이웃하여 사는
물과 만나면 늘 훈훈한 정을 나누는
살신성인의 융숭한 대접을 잊고 사는

아낌없이 스스로를 허물어 새로운 사랑을 베푸는
출출해지는 늦은 밤 할머니의 내리사랑이 시작되면
부스러기 하나 남기지 않고 또 탐하게 되는
당신에 대한 그리움은 별빛이 되어 쌓여가고
하릴없이 소쩍새만 허전한 밤을 재촉하며 울어댑니다

가살피[1]

한 무리의 두루미 떼 정쟁을 피해 양주목 암회리 도봉산 자락에 둥지를 튼지 수백 년

그 곳 가살피에 사계절을 물어다 놓고 어디론가 떠나갑니다

얼기설기 싸리나무 아래 봄이 묻어난 돌나물

증조할머니의 손맛을 기다리고

장독대에 숨어있던 빨간 고추장

싱그러운 봄과의 상견례에 얼굴은 더 붉어지고

고운 햇살이 졸며 고개를 숙인 나지막한 언덕

힘겹게 동그란 산소로 마실 나온 할미꽃 가족

배고픔을 잊기 위해 사냥 나온 아이들

고사리 같은 손에서 피어난 싱아와 장다리 한 움큼

양지바른 낟가리에서 똬리를 틀고 일광욕을 즐기던 눈구렁이

숨바꼭질하다 자지러지는 한 살 차이 더벅머리 아저씨

호두나무 이파리에 숨어든 연두색용의 위용에

사색이 되어 도망가던 네 살 차이 허망 할아버지

초가집 이엉에 살이 통통하게 오른 굼벵이

한 입에 털어 넣으시던 진짜 증조할아버지

늘 쫓아다니는 알 수 없던 허기를 내쫓아 주던 부뚜막의 솥단지

---

1) 가살피: 안방학동의 한 부락의 옛 지명

가장 두려운 대상이었던 보리밭의 문둥이
아지랑이 피어오르고 배고픔이 매달리는 늦은 오후
작은 소반에 들린 정갈한 밥상을 맞이하던 그들의 미소
대추나무 그늘 아래 그들을 지켜보던 서로 다른 두 시선
허겁지겁 그들의 불안한 포만감이 서두른다
간을 빼먹는다던 그들은 어쩌면 할머니가 들려주시던 마지막 전설이 되었고
좀처럼 풀리지 않고 응어리 져있던 두려움
아무것도 무섭지 않게 된 할머니의 부지런함이 마음을 흔들던 마을
세월이 흘러도 익지 않고 숙성되지도 않는 정지된 시간이 서글픈 오늘
어두운 밤하늘을 지붕 삼아 밤새 이야기꽃을 피웠던
원두막 같은 가살피, 내 고향

사진

아름다운 추억이 봄바람에 날라들고
행복했던 일상이 따사로운 햇살에 녹아든다
즐거웠던 일들이 향기가 되어 숨어들지만
모든 것들이 흘러가는 세월에 각인된다
순간만을 기억했던 단순한 우리들의 눈이었고
비밀을 감추기에는 너무도 투명한 유리그릇이었다
많은 것을 담기에는 아주 작은 현실의 상자였지만
무지개 빛깔로 굴절되어 따뜻한 이야기로 투영된다
빛이 흩어져 잠들어 있던 그가 오늘을 일깨우고
붓을 들어 만물의 숨결을 채색한다
조리개를 거친 빛바랜 시간과 셔터에 새겨진 추억의 발자욱
또다시 풍요로운 내일을 현상하기 시작한다

여름의 반란 외 2편

이 혜 수

재촉하지 않아도 정지된 하루가 비어간다
거미줄에 엉켜 몸부림쳐도 덫은 단단해져 가고
한낮의 전쟁은 순식간 그림자도 삼켜버렸다
숨을 쉬고 있다는 건 닥쳐올 위기의 기다림인가
블록 위로 녹아내리는 열기는 빛의 광기인가

누적된 하루가 쓰러지는 작은방
접힌 가슴을 말아 달팽이집을 만들어야 잠이 드는 밤
하얀 베개엔 어느새 강물이 흐르고 있다

창틈 사이로 스며드는 냉기가 시간을 조금씩 얼리고 있다

광도

하늘과 바다가 허락해야 닿을 수 있는 곳
여름의 끝자락에 표류하는 작은 정원을 만난다

묻은 멀기만 하고 해면이 마당인 오지의 작은 섬

누가 살고 있나 살고 있을까
오르고 올라야 볼 수 있는 오두막집
어린 꽃처녀는 해풍에 늙어가고
노을이 짙은 저녁 늘 마중을 나간다
작은 배가 보이면 안도의 눈물은 변함없다

거친 바람이 시도 때도 없이 불어대는 섬

며칠째 변덕스러운 날씨로 모든 게 침묵 속에 묻혀 버렸다
푸른 물만큼이나 성난 파도는 정박되는 것을 보지 못한다

가파른 경지에 버티고 서 있는 섬

맑은 날이어야 물질할 수 있는 할머니의 가슴은 애가 탄다
없는 게 더 많아 농부도 되고 해녀도 되고 백정도 되어야 살 수 있는 섬

태풍이 오면 섬 꼭대기까지 때리는 파도는 모든 것을 삼켜버린다

다 지나가고 나서야 바다도 섬도 편안해지는 섬

통발을 걷는 굽어진 허리가 쉴 틈 없이 파도를 친다
뱃고동이 울려도 낯선 얼굴은 없다
장에서 실려온 물건들만 들어오고 돌아간다
추억만이 남아있는 노부부의 하루가 저물어 간다

거스르지 않고 살아야 하는 바람의 섬 광도의 바람은 오늘도 변함이 없다

연리지

무엇을 기다리며 견디어왔을까
모르는 체 홀로 먼 길을 가야 했고
바람의 시간들을 접고 접어서 걸어왔지
가까이 있어도 모르고 살았구나
하나의 공간에서 다르다고 생각했지
언제부턴가 우린 같은 세상을 보았지
하나가 되어가면서 우린 행복했고
서로를 감싸며 풍성하게 거듭났지
너로 인해 갈 수 있는 길이라면
그 끝이 어딘지 몰라도 좋았지

빛과 어둠의 조화 속에 일어나는 감동이었지

결코 변할 수 없는 사랑
떨어져서는 못 사는 둘만의 세상
우린 가장 빛나는 짝이 되었지

2부
엄마의 꽃밭

설왕설래 외 2편

김 소 현

혼인을 시작하자마자 두 인격은
볼 때마다 서로를 잡아먹을 듯 옥신각신 한마디도 지지 않고 싸웠다
주도권은 처음부터라는 같잖은 조언에
사소한 것에 전의를 불태우며 크게 크게 싸웠다
늘 남편이 승리했다
이 시절엔 수줍은 새댁과 수컷미를 뽐내는 남편의
설왕설래가 싸움의 끝을 알렸다

혼인 20년엔
양보와 타협으로 색을 바꾼 민주적인 옥신각신이 고물고물 두 자식을 키워내고
재물을 불리기 위한 노력은 풋낯이던 새댁을
세상 쫌 아는 씩씩한 아줌마의 얼굴로 바꿔놓았다
늘 아내가 승리했다
이 시절은 힘들어하는 남편을 다독이는 아내의 따뜻한 연민의
설왕설래가 싸움의 끝을 알렸다

결혼 40년 후 쯤엔
옥신각신은 말다툼이 아닌 추억이 될듯하고
설왕설래는 깊은 입맞춤이 아닌 희망사항이 될듯하다

아니다
옥신각신은 소통이다
설왕설래는 교감이다

양태

말린 생선 와쏭께 저녁에 집에 와야
시절 없이 친정엄마는 소식을 전한다

어김없이 꾸득꾸득 말린 양태가 친정집 저녁밥상에 반갑게 자릴 차지하고 있다 고등어 꽁치는 급에도 들지 않는 남녘땅 그곳은 생선에게도 밥상머리 지위를 준다 손맛 좋은 엄마표 양태는 특징 없고 급은 낮지만 입맛 좋게 말려 쪄내면 나름 제몫을 하는 밥상머리 지위가 우리 집에는 있었다 부드러운 속살에 한 그릇 뚝딱 해치울 수 있는 급 높은 조기보다 손으로 쭉쭉 찢어 물 말은 밥에 얹어 먹을 수 있는 식은 양태의 담백함, 오래두고 먹을 수 있는 장조림처럼 유년시절 내 밥상을 자주 찾아왔고 비리지 않은 그 맛은 내가 기억하는 고향이다 벌어먹고 살기엔 서울이 기회인 시절이라 일찌감치 고향을 뜬 부모님 따라 떠나버린 탓에 나는 남녘 끝 바닷가에서 살았다는 옅은 기억마저 변변하게 기억해낼 수가 없다 남도여자 디엔에이를 지금도 속에 품고 사는 팔십 줄 엄마는 오십 줄 딸에게 부지런히 고향을 맛보게 해준다 엄마는 모르는 것 같다 남도 맛을 길들이기도 전에 떠난 딸은 윗녘여자가 오래전에 되어 버렸고 흐리게 남은 남녘 끝 여수가 품은 여러 가지 고향 맛을 훌훌 털어버렸다는 것을

오늘 저녁도 나는 참숯불에 달짝지근하게 구워진 갈비와
양배추 송송 썰려진 새콤한 간장소스 윗녘 맛을
해풍품은 고향 맛으로 자꾸만 밀쳐낸다

크게 웃는 웃음

너는 찾아갈 때마다 행복한지를 내게 묻는다
네가 있어 행복한 건지 행복해서 네가 있는 존재하는 건지 가늠하긴 어렵지만
놓치고 싶지 않은 마음이 간절한 탓에 끝까지 함께 하고 싶다고 대답한다
나쁜 남자가 대세인 요즘이지만 막무가내 내 순애보가 통하는 너를 나는 사랑한다
너는 근래 들어 필요로 하는 데가 많아진 탓에 억지가 보태진 감정노동에 시달린다 투덜대지만
천성이 착하고 밝은 너는 불러주는 대로 다가와 선한 성품을 숨기지 않고 보여주는 순딩이다
사실 치명적 단점도 있다
헤프다느니 체신머리 없다느니 품위 없어 보인다느니…
그러나 이미 나는 조르지 않아도 베풀어주는 아낌없음에 푹 빠져버렸고
단점을 사소함으로 오래전에 포장해 버렸다
내 얘기를 들어주고 함께 오래 지낼 수 있으며 유쾌함까지 지닌
너의 장점에 욕심껏 함께 하고 싶은 마음뿐이다

간혹 장소가리지 않는 나의 부름에
너는 부끄럽다며 눈총받는다며 정중하게 큰소리로 찾지 말아 달라 부탁하지만
나는 싫다고 어느 곳이라도 함께 할 거라고 칭얼칭얼 거린다
이기적인 내 부름에 언제든 과한 몸짓으로 답해주는 네가 있기에
우울함 솟구치는 그 어느 날은 강제로라도 불러내어 귀찮게 해야겠다

휴休, 휴우 외 2편

김 래 영

마포나루에 부려진 소금가마를 저장하였다는 동네
소금가마 달구지를 끌던 말 마구간이 쪽방으로 변탈한 동네
방공호가 진급하여 지하방으로 쪼개진 동네
30년 째 재개발의 재개발이 펄럭이는 동네
한 몫 잡은 사람들 떠나고 두 몫 챙길 사람들이 소유하는 동네
그 동네 가로공원 유랑과 빈민을 점유한 느티나무 아래
 긴 의자가 머리 맞대고 모여 있습니다
새벽 인력시장에서 퇴짜 맞은 조선족 염씨가 아침부터 소주를 병나발 불더니
불콰한 바지 내려 거시기 꼬나들고 거무스름하게 낑낑거립니다
하얀 절정 뚝뚝 떨어진 벤치 위에 검정 비닐봉지처럼 널부러집니다
방과 후 학교가 그곳인 민수는 놀림도 따돌림도 없어
빼드렁니 절로 벌어진 입이 행복합니다
동사무소 자활근로 나간 할머니가 돌아올 때까지
동무삼아 놀이삼아 말갛게 꼬물꼬물 어른 염씨 흉내를 내다가
등짝 한 대 얻어맞고 할매 따라 집으로 갑니다
느티나무가 제 그림자 지우려 할 즈음

복어 배에 썩은 감자 같은 춘녀씨가 그곳으로 늦은 출근합니다
춘녀씨 봄의 여자일적 그 내력 아무도 모르지만
만삭의 뱃속 애비 없는 늦둥이는 아니라는 것
간경화증 병 깊어 내장에 고인 물이라는 것 그들은 압니다
왕년의 백구두, 쓰벌쓰벌 왕눈이, 저녁 술 고픈 고만고만한 이들 모여듭니다
술판은 깽판에서 이판사판으로 질서가 정연합니다
삐융 삐융 경찰차 왔다 가고
좌절과 소외와 무력한 슬픔들도 제 집을 따라 가고 있습니다

휴우, 느티나무 밑동에 등 기댄 벤치도
평등한 어둠 껴안고 이제 쉴 차례입니다
휴우

46번국도

나는 내 이름값과 꼴값을 좀 하는 편이야
그건 아마도 죽음에 관한 유별난 기억이거나 기록 때문일 거야
내 옆구리 살살 건드리다 제 갈 길로 가는 강물과 길 위의 풍광도 한 몫을 하지
내가 지나가는 강 마을은 누군가의 푸른 시절을 강바닥에 묻어 놓고 시치미를 떼기도 해
몇 십 년 전 수장한 청바지인지 통기타인지 꺼내야 한다고 고집 부리던 한 사내가 죽었어
나를 따라다니는 깊은 산과 북쪽 강은 함부로 청춘을 부르고 꼬드기곤 해
그들은 비탈이나 모퉁이에서 길을 잃곤 돌아갈 줄 몰라
제 속도를 못 이기면서도 빨간 불을 켜지 못해 그들이 사라졌어
익숙함에 속도를 더하면 새롭기도 하고 낯설기도 하지
낯선 손을 잡고 몽상하던 어느 가장의 방랑이나
나들이 길에 화가난 어느 엄마가 차창 밖으로 내던진 구두 한 짝이나 쿠션 같은 것들
제 속도만 믿다가 먼지가 되는 들 고양이처럼 시간이 필요해
모든 진실을 알고 있는 바퀴는 기억할 필요가 없겠지
그래서 머무르지 않고 떠나는 거야

그러나 다 알면서도 말하지 못하는 난
비밀들 켜켜이 쌓인 무게 때문에
가끔 몸이 뒤틀리는 몸살을 앓곤 하지
다들 달아나지 못해 안달인 게야
내 제한속도는 60이야

허물

잡풀더미 위에 제 비늘 걸어놓고
자취를 감춘 터 구렁이

마당의 풀밭 가꾸던 이 떠나고
인적 뜸한 사이
세상 온갖 씨앗 뿌리내려 수풀 이루고
들쥐 나오고 개구리 너구리 모여 에덴이 되었다
낮은 포복으로 배 밀어 평정한 선악의 차안
은성한 여름은 네 혀의 독
나 봐라 당당한 포만했던 사행의 곡선
무서리 내려 꺾인 풀섶에
너만 모르는 너의 허물이 걸려 있다

어머니 돌아가시고 삼년 넘는 애도(哀悼)에도
탈피할 수 없는 죄업에 목이 메이는데
어두운 빈집에 터 잡아 똬리 틀고
너, 엿보고 있구나

부추꽃 외 2편

조 정 훈

1.
교직에 몸담았던 아버지는 내가 초등학교를 들어갈 무렵
교단에 반기를 들고 홀연히 부추밭으로 돌아오셨다
밭에 선 아버지는 더 이상 선생님이 아니었다
박봉을 거드느라 일찍부터 곁 농사를 지으셨던 엄마가 한 수 위셨다
잔소리는 날마다 꽃으로 피어났다
날카로운 낫질은 산수보다 정확해야 했고
가지런한 부추 묶음은 예술보다 정교해야 했다
손가락에 든 푸른 물은 나무에 낀 이끼와도 같았다

2.
집안 경제의 책임은 오롯이 엄마의 몫이었다
학교에서 돌아올 때면 꾸리꾸리한 계분 냄새가 아버지보다 먼저 달려 나왔다
그런 아버지께 엄마가 책정한 품삯이라곤
금순 할매가 인심 좋게 퍼 담아주던 막걸리 한 됫박이었다
술기운이 깊어지면 마음은 술보다 더 묽어지셨다
다발이 느는 것보다 하얗게 핀 부추꽃이 더 좋다고 하셨다
니 에미 시집올 때 부추꽃보다 더 고왔다,
아버지의 변죽이 지금도 귓전을 맴돈다

3.

그만큼 배웠는데 농사라니 고집도 병이라 수군대는 소리도 들렸다

자식들에겐 한없이 다정다감했던 아버지

색종이를 접으면 뚝딱 개구리와 새가 되었고

버들가지를 깎으면 고운 소리의 호들기가 되었다

그림을 그리면 토끼 거북이가 나오는 이야기책이 되었으며

아버지의 썰매는 동네에서 제일 빠르고 연은 가장 높이 날았다

사춘기로 접어들면서 그런 아버지가 무능하다 느껴지기 시작했다

늘 허덕여야 하는 생활고가 아버지의 탓이라 생각했다

배움의 한을 품은 채 자식들은 그런 저런 짝을 찾아 떠났다

아버지의 머슴살이는 마을과 논밭에 아파트가 들어서고야 끝이 났다

고향에선 더 이상 부추꽃이 피지 않았다

4.

알싸한 부추 향이 빠져나간 마른 몸엔 더 이상 원망을 구겨 넣을 자리도 없었다

이따금씩 친정집에 갈 때면 엄마는 내게 여전히 앵무새 같은 주문을 하셨다

니 아버지 막걸리 한 병 잊지 말고 사 오니라

부채 같은 햇살이 따듯한 날 부모님 산소를 찾았다

엄마의 주문은 없었지만 막걸리 한 병 습관처럼 사 왔다

뽀오얀 막걸리를 누워서 드시는 봉분 위에

엄마의 옷고름 같은 자줏빛 산부추 꽃이 곱게 피었다

니 에미 부추 꽃보다 더 이뻤제

바람이 꽃을 흔들 때마다 하늘하늘 아버지 목소리가 들린다

엄마의 봄

동서네 싸전은 잰 걸음으로도 십 리 길이다
동동거릴수록 헛걸음질에 자존심까지 목덜미를 낚아챘다
어느새 문이 닫겼다
그냥 돌아올 수는 없었다
콩콩콩 쾅쾅쾅 절박이 힘을 싣는다
안색 변한 동서에게 눈치 슬금거리던 서방님이 보리 네댓 박을 퍼담는다
외상임을 알고 있다
서둘러 볏단을 그러넣어 불을 지핀다
겨우 바닥을 면한 낟알들이 밥 짓는 시늉을 하느라 낯짝 반반한 무쇠솥 뚜껑을 들썩인다
가마솥을 기어 나온 빈곤이 부뚜막을 핥는다
비실비실 굴뚝으로 기어가던 설음이 왈칵 돌아서 안긴다
매운 눈물로 밥을 잦힌다
살광 위 피골상접한 빈 사발이 쉰 김치 하나에도 침을 꿀꺽 삼킨다
양푼 안 다섯 숟가락 기다림 순히 접고 허기진 배 잠으로 채우고 있다
빈 소반 들고서 마루 끝 내려서니 여우 같은 초승달 하나 실눈 뜨고 비웃는다
방앗간 집 딸내미 시집 잘 간다메
실랑이 높은 대학상(학생)이래

콩닥콩닥, 빈 가슴에도 꽃이 피던 순간이다

찔레꽃 사연

청계천 4가 새벽다리 아래 향긋한 분내가 진동한다
5월이 되자 그녀들의 호객행위가 본격적으로 시작되었지만
예전과 같은 성업은 기대할 수가 없다
사람들의 시각과 후각은 인근 광장시장에서 쏠려있고
녹두전과 만둣국 육회로 가득 찬 뱃고래는 더 이상 색을 탐하지 않는다
그녀들이 어디서 어떻게 이곳으로 왔는지는 아무도 모른다
소문에 그녀들의 고향이 남쪽이라는 것과
바닷가 선술집에서 젓가락 장단에 맞춰 노래 부르며 뱃사람들에게 술을 팔던 색시들이었다는 것을
노랫가락으로 미루어 짐작할 뿐이다
그런 그녀들이 청계천에 터를 잡고 특유의 코티분 냄새를 폴폴 풍기며 호객행위를 시작한 것은 청계고가가 헐리고 복개천이 뜯기며 새 물이 흐르기 시작한 몇 년 뒤였다
대서양을 누비던 물길이 한강을 거슬러 청계천으로 고기떼를 몰고 올라오자 무수한 사람들이 몰려들었다
선주도 사공도 올라오니 몰락한 선술집 색시들도 올라왔을 거란 추측이다
뽀오얀 속살을 드러내고 하늘하늘 웃어대는 작태는 한순간이라도 꽂이고 싶은 소망
밤마다 스스로를 찔러가며 그리움을 달랜다는 걸 아무도 눈치 채지 못했다

봄밤에 나는 고향 그리워 청계천을 걷는다

무심히 지나치는 나를 잡아 세운 그녀들은 취객이 흘린 한 모금 술에 취해 작은 바람에도 흐느적거리며 아련한 고향 이야길 늘어놓는다

찔레꽃 붉게 피는 남쪽나라 그 고향땅 이별가를 불러주던 그 사람이 몹시도 그리웠나 보다

어둠 속 집채만 한 피라미 한 마리 튀어 오르며 작은 바다를 뒤집는다

우수수 떨어지는 꽃잎 분내의 바다에서 나는 고향을 줍고 있다

그녀에게 중독되다 외 2편

임 서 정

먼 이국땅에서 싼값에 팔려온 그녀
자존심 하나로 버티더니
이제는 당당하다 못해 거만하기 짝이 없다
신토불이 토종들 다 밀어내고 기세등등하게 자신만의 터전을 넓혀나간다
마침내 터줏대감을 밀어내고 의기양양 콧대가 하늘 높은 줄 모르고 찔러댄다
굴러온 돌이 박힌 돌을 빼낸다더니
그녀의 영역이 점점 넓어지기 시작했다
동네골목까지도 그녀에게 내어주고
학교며 회사며 음식점까지도 그녀의 횡포에 두 손 들고 말았다
뻔뻔스럽기 짝이 없는 그녀는 거드름을
피우며
이젠 시골 동네까지도 포섭해 나가고 있다
그녀에게 한번 빠지면 젊은이 노인 할 것 없이 헤어 나오기 힘들다
그러나 그녀도 가끔씩 허공을 헤매는 쓸쓸한 눈동자가 보일 때도 있다
지나가는 돌개바람에 두고 온 고향을
떠올리기도 하고
곡명을 알 수없는 음악에 눈시울을 적시기도 한다

그런 그녀에게 한번 중독되면 헤어나기가 쉽지 않다
우리 집도 예외는 아니다
늘 전통을 고집하던 남편이 요즘은 그녀에게 푹 빠져산다

아침에 눈뜨면 가장 먼저 활짝 웃으며 반기는 그녀

바람의 말

바람의 말을 들어본 적 있는가
바람은 만나는 상대에 따라 각기 다른 소리를 낸다
힘겨운 겨울을 보내고 봄 햇살따라 나온
민들레 제비꽃 쑥부쟁이에게
바람은 엄마의 숨결 같은 부드러운 소리로 속삭인다
숲을 만났을 땐 숲의 소리로 나무들을 부르고
갈대를 만나면 갈대처럼 슬프게 운다
속을 비운 가냘픈 갈대가 애처로워
이리저리 쓰러지며 갈대처럼 운다
그러다 파도를 만나면 바다를 앞세워
파도를 잠재우기도 한다
태풍 앞에 바람은 성난 사자처럼 무섭게 운다
바람은 바람과 만났을 때 바람소리를 낸다
바람에게 귀를 대보면 바람의 소리를 들을 수 있다

바람 그윽한 눈을 가진 이에게
바람소리는 새싹으로 말한다
바람의 말을 경청하는 사람에게
바람소리는 꽃잎으로 말한다
바람이 강한 사람에게만
바람소리는 휘파람소리로 들린다

엄마의 꽃밭

재개발이 되면서
고향마을에 아파트 단지가 들어섰다
어릴 적 고향의 소중했던 추억들은
아파트 벽이 되었다
고향집 마당에 계절 따라 피던 꽃들이
아파트 시멘트바닥 밑에 묻히고 말았다
우리 엄마가 철마다 바꿔 심던 꽃밭은
아이들의 놀이터가 되어버렸다
내가 살던 방 위로 사람들이 걸어 다니고
우리 집 장독대 위로 자동차가 지나간다
동네 느티나무 정자에서 장기 두던 노인들은
아파트노인정에서 십 원짜리 고스톱을 치고 있다
애써 가꾸던 엄마의 꽃밭 위에서 아이들이 뛰어놀고 있다

해맑은 아이들의 웃음 속에서 엄마의 얼굴이 보인다

어두일미는 거짓말 외 2편

이 오 동

동태 대그빡은 항상 엄마 몫이었고
살점이 많은 몸통은 내 몫이었다
어릴 적 엄마는 동태 대그빡이 맛있다며
잔뼈까지 오물오물 빨아 드시곤 했다

동태탕을 끓여 맛있게 드시라고
한 그릇 가득 대그빡을 드렸더니
맛없는 대그빡은 그만 먹고 싶다 하신다
그때는 네 놈 입에 살점 하나라도
더 먹이려고 그랬다며
어른이 되면 엄마가 제일 좋아하는
동태 대그빡을 많이 사드려야겠다고
다짐하곤 했었는데…

가시 없는 생선살을 맛있게 드시던 엄마의 모습이 생생한데,
무심하게 흘러 가버린 시간들
지금 내 곁에는 엄마가 없다
엄마가…

처녀 공출

왜놈들이 강제로
처녀 공출만 하지 않았어도
영감탱이헌테 시집오지 않았을 꺼여

그 못된 놈들 때문에
이 고생을 하고 있는디 날 구박혀요
원망스런 눈길 크게 한번 흘기고는
엄마는 들 건너 다랭이밭으로 향했다

외할머니는 왜놈들에게 막내딸을
빼앗기지 않으려 급하게 혼례를 치루었다 했다
양반인 전주이씨 가문만 확인하고…

고래등 같은 외갓집을 갈 때마다
외할머니는 엄마를 끌어안고
미안하다며 소리 내 우시곤 했다

힘들면서도 괜찮다고
외할머니를 달래던 엄마의
거북등 같은 손등이 지금도 눈에 선하다

얼마나 힘드셨을까…

소주잔

그녀는 입맞춤을 좋아한다

나이를 묻는 것은 사치일 뿐이다
거추장스러운 정조 따윈 버린 지 오래다
그녀는 자기를 좋아하는 사람에게는 흔쾌히 입술을 허락한다

그녀와 입맞춤이 시작되면 상대방은 흥분하기 시작한다
부장들은 다 나쁜 놈들이라고 큰소리친다
높은 자리에서 못된 짓 하는 놈들 모두 감방 보내란다
어젯밤 나랏님이 종로통 노래방에서 조선족 도우미에게
노래 시키고 팁을 주지 않아 따귀를 맞았다며 고소하다고
웃어댄다

해독할 수 없는 비밀들이 튀어 나오고
빨라지는 입맞춤 속도만큼이나 하나 둘 술상에
엎드리기 시작한다
떠나버린 임순이가 보고 싶다며 눈물 흘린다

길 밝혀주던 새벽별도 사라지고
가로등 불빛마저 취해 버렸다
하나 둘 쓰린 배 움켜쥐고 바람결에 등 떠밀려 간다

세상 온갖 허물을 알아 버린
그녀는 군상들의 시름을 달래주기 위해
오늘도 대기 중이다

한 주간의 심리예보 외 2편

김 무 늬

한 주간의 심리적 날씨를 말씀 드리겠습니다
월요일은 월요증후군이 간간히 나의 마음속에 먼지처럼 끼겠지만
정오를 지나 오후 두시 쯤 서서히 물러나겠습니다
화요일은 혈압골 영향으로 간간이 비가 내리겠습니다
마음의 우산 같은 사람과 막걸리 한 잔으로 위로 받으시면 되겠습니다
수요일에는 조금은 지루해지기 시작하는 날인데요
심리 불안정에 의한 국지성 소나기도 한두 차례 내리겠는데요
목요일은 모처럼 여느 봄기운으로 기온이 올라가겠습니다
움츠렸던 마음을 펴고 거울을 바라보며 입꼬리를 올려야겠습니다
금요일은 너울성 파도로 인해 마음의 방파제가 무너질 수도 있으니
마음 안전에 유의하시기 바랍니다
토요일은 사랑경보가 발효되겠으니
조심스럽게 여행을 떠나보는 것도 좋겠습니다
일요일은 일 없이 이불 빨래하기 좋은 날
이불을 있는 대로 꺼내서 발로 밟으면 마음의 구름이 사라지겠습니다

걸레

퀴퀴한 냄새가 본연의 향기인 듯 떨쳐내지 못하는 그는
나와의 인연의 끈을 감지했는지 애써 끌어안고 있다
굴욕이라도 좋다며 주저하지 않고 던져지는 육보시
자기답게 살아야 한다는 낯익은 설문을 몸소 떠올린다
보이지 않는다고 웃을 날이 없었을까
숨어 울던 날도 시간은 제소리를 내며 가더니
이젠 자신의 할일을 다했다며 안도의 숨을 내 쉰다
금의환향을 꿈을 꾼 적도 있었다
명예로운 퇴장을 꿈 꾼 적도 있었다
묵묵히 버텨온 시간이 별 의미는 없겠지만
생의 막다른 골목에서 자꾸만 뒤를 돌아본다
움츠려 들던 어깨를 펴주고 오늘 하루만은
광명의 빛을 한 아름 뿌려주고 싶다

갓김치 엄마

친정에서 가져온 갓김치
거의 집에서 식사할 일이 없어 천덕꾸러기다
얼마 전 냉장고를 정리하면서 일부는 버리고
조금은 아까운 생각에 일부는 남겨 놓았다
아이들 입맛에 맞지 않는 갓김치
오랫동안 냉장고를 차지하고 있다
지인 간병하느라 반찬이 아쉬운 나는
끈질기게 두었던 갓 김치를 병원으로 가져갔다
묵을 대로 묵어 진갈색으로 변했지만
지인은 아직 먹을 만하다며 자꾸만 손이 간다

용돈 한번 부칠라치면
사느라 무심한 자식들에게 금세 서운함을 잊으시는 엄마
네가 번 돈은 차마 쓸 수가 없다며 보내지 말라신다
효도는 못 하더라도 엄마에 대한 책임 정도는 느끼고 살자는 나의 의도에
엄마는 고개를 흔드신다
한동안 따뜻한 손길 한 번 드리지 못했던 엄마가
수많은 세월에도 묵묵히 자신을 지키는 갓김치 같다
오래 사는 것도 죄라며 병원에 한번 가실 때마다
미안함을 내색하시는 엄마가 묵은 갓김치처럼 알싸하다

갈대의 사랑법 외 2편

서 동 석

안양천으로 산책을 갔다
그녀가 긴 머리카락을 찰랑거리며 인사를 한다
가끔 산책을 나왔지만 오늘처럼 반긴적은 드물었다
그런데 다음날도 찾아갔지만 웬일인지
그녀는 나를 외면한다
그녀의 변심이 시작된 걸까
어쩌면 그녀의 무표정한 외면은 당연한 건지 모른다
그녀의 가문에선 어느 한쪽으로만 마음 주는 것을
천형으로 다스리는 법도가 있다
바람따라 흔들리고 마음을 빼앗겨도
모질게 중용의 사랑을 지키고 있었던 것
그녀의 흔들림은 자신의 의지가 아닌
숙명인지도 모른다
한 곳만 바라보아야 하는 슬픈 사랑 때문에
그녀는 그렇게 흐느끼고 있는 것일까
언제든 그곳을 찾아가면
그녀는 매혹적으로 다가올 것이다
삶의 언저리에 마음 흔들릴 때마다
그녀를 만나러 가리라

그녀의 사랑은 무죄다

모기

새벽녘에 들어와 잠을 청하려 드는데
그가 내 몸을 과녁으로 삼고 화살을 날린다
중국산 전자라켓을 들고 거실을 코트 삼아
날렵하게 적을 향해 돌진한다
그는 특수 훈련된 정예요원
베트콩처럼 낮에는 빛이 없는 아지트에서 숨어지내다
해가 떨어지는 저녁 무렵 사냥을 시작한다
작은 몸통이지만 남녀노소를 안 가리고
독침 같은 빨대를 들이대고 만찬을 즐긴다
방심한 순간 독침이 꽂혔다
재빨리 라켓을 들고 레이다망을 가동한다
적의 음파와 미세한 행동을 포착 팔을 쳐들면
어느새 시야에서 사라지고등 뒤에서 나를 우롱한다
그는 눈 깜짝할 사이 수백 번 넘는 날갯짓으로
전진과 후진 상승과 하강을 한다
최신 아파치헬기나 드론도 그의 첨단 기능을
따라갈 수 없다

샤일록 같은 고리대금업자 때문에
하룻밤을 탕진했다

여물통

나는 한마디로 뼈대 있는 가문의 혈통이다
언제부터 이곳에 살아 왔는지 기억나지 않는다
나의 튼튼한 형제들은 대목장에 눈에 띄어
대궐로 입궁 권문세도가들을 내려다보며 살고 있다
다른 형제들과 달리 몸통이 부실했던 나는
시골 한적한 이곳에 팔려왔다
소 돼지와 함께 살아온 것이 내 이력의 전부다
가끔 닭들의 꼬끼오 소리를 듣고 살거나
비린 냄새와 역겨움을 견디고 살았다
팔자를 원망 한 적도 있었다
그러나 남의 먹을 것을 책임진다는 것
그것은 최선의 삶이라는 걸 이제야 깨닫는다

3부
목도리 편지

허공의 소화력 외 2편

한 성 춘

새소리와 바람소리가 사라졌다
홍매화향기 산수유향기가 사라졌고
이슬이 사라지고 안개가 사라졌다
허공이 삼켰다
그리움과 아쉬움이 사라졌고
사랑과 미련이 사라졌다
희망이 사라지고 약속도 사라졌다
허공의 짓이다
일확천금의 꿈이 사라졌고
평생 쌓은 명예가 사라졌다
철옹성 같은 권력도 사라졌다
허공이 그곳에 있었다
허공도 허공이 사라질 허공이 필요하다

먹어도 먹어도 허공인 허공이
정밀 건강진단을 받았다
구석구석이 허공인 허공의 뱃속에는
허공이 허공이라서 허공만 가득하다

봄바람

그가 떨고 있다
갓 핀 연두색 잎이 하늘거리는 느티나무 아래서
만발한 진달래꽃 철쭉꽃이 붉게 흔들리는 울타리 옆에서

예년처럼
배양골 처녀의 문지방을 마음대로 들락거리며
잠자는 그녀의 가슴봉오리와 엉덩이굴곡을
밤새도록 탐닉했던 그였다
보리밭 매던 순진한 처녀 귓가에 속삭여
자기마음대로 농락하던 그였다
처녀 유부녀 가리지 않고
여자들을 차례로 요절내던 그였다

그가 떨고 있다
미투가 산불처럼 번지고 있다는 것을 처음 들은 건
젊은 과수댁에서 바라본 저녁노을이 유달리 붉은 때였다

논어, 죽다

AI 인문학교수가 논어를 읽었다
동양최고의 지식인 공자를 모셔왔다

AI 교수가 공자에게 인터넷 세상에 인터넷을 배우라 했다
군자는 신하들이 만지는 것은 만지지 않는다며
공자는 사양했다
인터넷으로 공자의 특강을 널리 알리자는 말에는
나를 알고 찾아오는 사람에게만 특강을 하겠다한다
SNS로 동영상 강의를 올리자 해도
공자는 직접 대면하고 토론하는 강의방식만 고집했다
공자시대부터 지금까지의 변화보다
더 큰 지각변동이 일어나고 있다 해도
공자는 마음을 열지 않았다
성희롱 사건들이 강의실을 들불처럼 번질 때도
공자는 마음이 끌리지 않았다
빅 데이터를 보라
저 안에 공자 당신의 말씀은 한 줄도 없지 않으냐고 다그쳐도
이미 하늘의 명을 알고 세상의 이치를 아는데
내가 왜 골치 아픈 데이터를 봐야 하느냐고 반문했다
자기 말은 옛날이나 지금이나 법이라고 계속 우겼다

공자가 홀로 죽었다
깊은 밤에 도로 한가운데를 천천히 걷다가
쏜살같이 달리던 무인자동차에 치어 죽었다
논어도 따라 죽었다

콩이와 솜이 외 2편

이 호 재

울음 울지만 눈물짓지는 않는구나
콩이도 솜이도
눈물짓진 않는구나
울어도 슬프진 않아

수수 광년 아득한 전령
탯줄로 소통하던 이심전심
이 세상 올 때 잊지 않은 마지막 말

으응애 응애
젖 달라고
안아달라고

미아옹 야옹
콩이가 왔다고

별아

별아, 은별아
금별 아니라고 서운해 마라
네가 있어 은하계 온갖 별, 별 볼 일 있음이야
아무리 선별하고 간별하고 감별해 봐도
성별 종별조차도 잘 변별되지 않는 것을
조별도 반별도 잘 구별되지 않는 것을

별아, 기별아
기쁜 소식 전해주렴
기씨 자손임을 자랑하렴
넌 이별도 석별도 고별도 아니고
송별 전별도 아니잖니
별 중에는 사별조차도 있느니

별아, 나의 별아
뭇별 중에
의미 없는 별은 없느니
어디에 있는 지보다는
누구와 함께 있느냐가 더 큰 의미란다
지금 내 곁에 있는 너는 찬란한 별이란다

당연한 것, 잊지 말 것

난 외치지 않아
독도는 우리 땅이라고
난 외치고 싶어, 대마도 우리 땅이라고
대마도와 바꾸자고?
천만에, 그럼 오끼나와도 우리 영토라 하리

난 고집하지 않아
해 뜨는 바다 동해라고
우리에겐 동해가 맞아, 애국가 가사 바꾸지는 마
난 외치고 싶어, 그 바다 한국해라고
동쪽 나라에서는 서해일 테니

아무도 외치지 않아,
제주도는 우리땅이라고

왜 아무도 외치지 않나?
황해 건너 멀리 편안한 곳,
백두 넘어 상서로운 수풀 우거진 곳,
흑룡 승천하는 아리수 흐르는 곳,
우리 땅이라고

돌의 정원 외 2편

- 백두대간 수목원2)에서

강 창 석

나와 내 친구들 돌이 되어 몸통 가득이 땅에 묻고
친구와 친구 틈새에서 풍혈을 만들고
어깨와 얼굴을 내밀어 석마石馬 정원석이 되리
사이사이에 개울도 만들고 꽃들도 심으리
털진달래 바위구절초 시로미 솜다리
바위틈새에 아무렇게나 피는 돌의 정원 미녀가 되리
낮은 자세, 웃는 모습으로 꽃 향을 피우리
너와 네 친구들은 석마를 타고
미화美花를 보고 화향花香을 맡으며
지리산 천왕봉에서 봉우리 봉우리를 넘고 넘어
백두산 천지까지 백두대간을 달려가 보아라
돌의 정원 암석원에는
나와 내 친구들은 천년 바위가 되리니
너와 네 친구들은 나비가 되어 정원을 노닐 거라
암석원 위쪽 자작나무숲과 진달래 숲,
호랑이 숲에는 시베리아에서 포효하던
백두산호랑이 두 마리가 새로운 삶을 시작했다

한청아 우리야
문수산 산신령이 되어라.

---

2) 봉화군 춘양면 서벽리 문수산 기슭 해발 칠백 여 미터 금강소나무(춘양목) 군락지 외씨버선 길 아래 "국립백두대간수목원"에 있는 고산정원 암석원巖石園

율화향栗花香

유월에 피고 지는 꽃냄새
한국전쟁 피아의 총격 속에 젊은 군인들의 죽음
상처의 누런 고름과 발산하지 못한 사내대장부의 정액이
산야에 희멀겋게 짓뿌려져 비릿한 냄새가 온 산야에 진동한다
그대들이 떠나보낸 그곳에 미망인들 코를 킁킁린다
율화 떨어진 그곳에 가시 돋고 땡볕 견디어 내면
밤톨 살찌운 한가위 산야 부봉석不蜂析
때가 되면 저절로 벌어지는 밤송이처럼
냉전의 시대 견디어온 70여 년
한반도 평화의 그림자, 허리 동여맨 철조망 걷히는 그날
판문점에서 싱가포르에서 통일을 향한 한 계단 한 계단
한국전쟁 정전休戰을 종식시킨다

가시 돋친 철모 벗어 던지는 날
비릿한 율화향 결실 맺는다

아카시아 연가

계단 오르며 가위바위보 내기를 하다
한 손에 아카시아 아홉 잎사귀
이기면 한 잎 따며 한 계단 올랐다
지기 싫어하는 누이는 연달아 지자 "안 해"
심통을 부리며 주저앉았다
애야 심통 부리지 말 거라
너처럼 순진한 여린 꽃들이 흉본다

신록이 익어 짙어진 녹음 성하
녹음계錄音階 악보, 하얀 옷 입은 단원들
유월을 노래하네
어여쁘고 고결한 그대 모습이네
풋풋한 향기 피우는 단원들

그대는 속살 깊숙이 꿈들을 간직하고 있네
고결한 꿈을 지키는 창도 가지고 있네
나를 좋아하는 그놈들 창을 피해
고이 간직한 꿈을 하나하나 가져가네
바람에 흔들릴 뿐 어찌할 수 없는 운명이라면
기꺼이 가져가도록 몸을 맡기리라

녹음계錄音階 악보 바람 지휘에 따라
싱그런 노래 유월을 노래하네

목도리 편지 외 2편

김 영 섭

포성 소리는 더 가까이 들려오고 온 가족이 함께 피난길을 나섰다
18살 장남은 나라 지키겠다고 제 발로 입대를 한다
큰절하고 돌아서는 뒷모습이 당당하고 대견스러워 눈물을 훔친다
전쟁은 금방 끝날 기미가 없고 일촉즉발의 위기만 계속 밀려온다
반가운 아들의 첫 편지를 꽉 잡는 순간
기쁨에 앞서 가슴이 두근거려 읽을 수 없다
눈물로 범벅이 되어 편지를 다 적셨다
초도 부임지가 고창군 흥덕면 지서 공비들과 치열한 전쟁터다
잘 있으니 걱정하지 말라는 말에 가슴이 더 메여온다
밤이면 무법천지 되는 공포의 땅
날이 밝으면 지난밤 일은 모두 잊은 듯 평화스럽단다
잦은 야습에 벌벌 떨어야 하는 선량한 민초들의 삶이 괴롭다
휴가 나온 아들의 친구 녀석이 안부와 전황을 알려준다
이 목도리가 아드님이 메고 있던 것이라고 하는 순간
어머니는 잽싸게 그 목도리 부여잡고 냄새부터 맡으신다
쌓인 그리움의 설움을 목도리에 묻고 하염없이 흐느낀다
태산 같은 아들 걱정 앞에 애틋한 모정은 다시 피어난다

애간장 태우며 속이 문드러지는 부모 마음 누가 알랴

전쟁은 피를 뿌리고 피딱지는 흉터로 남아 마음속에 한이 된다

안방에 들어온 달

달은 안방에 깊숙이 들어왔다
달은 침대 위 내 곁에 누었다
달은 잠자는 부부를 질투했다
달은 사랑에 버림받은 몸이 되어 비웃고 있었다
달은 그냥 멍하니 버티다 순식간에 종적을 감추었다

다음 달 달과 술래잡이를 했다
달은 어느새 보름달이 되어 함박웃음 보여주었다
달은 삶과의 언쟁으로 조금씩 얼굴 숨기려 했다
달은 그믐이 닿으니 흔적도 보이지 않았다
달은 환한 절세미인으로 화려한 데뷔를 위해 화장을 했다

달이 안방에 들어오고 싶어 안달이 났다
달이 들어오는 것을 수문장 커튼은 막지 않았다
달이 방 깊숙이 들어와 우리의 사랑을 축하해주었다
달이 부부의 비밀을 간직한 채 숨어버렸다
달이 내 품에 오리라던 기대는 산산조각이 났다

달을 찾아 나섰다
달을 찾으니 저 지구 반대편 세상에서 친구들과 속삭이고 있었다
달을 숨긴 자를 찾으니 태양이었다

달을 내일 밤에는 꼭 다시 보내달라고 애원했다
달을 기다리는 밤이 짧아지기만 바라고 있었다
보름달 찾는 일은 멈출 수 없다

미스킴 라일락

1947년 도봉산 자락에서 파란 눈의 아저씨가 나를 보는 순간 눈빛이 빛났다
첫눈에 반해 곱게 에스코트 받으며 태평양 건너 미국으로 입양을 갔다
그곳 토양과 기후에 적응하며 주위 사람들로부터 예쁘다는 칭찬이 자자했다
양부모의 중매로 건장한 남편과 결혼을 시켜주었고
가족들의 사랑을 독차지하며 행복을 꽃피웠다
잘 생긴 우량한 아들을 낳았고 또 그 아들은 예쁜 손녀를 낳았다
그 손녀가 유럽 미인대회에 출전하여 최고의 성적으로 입상을 했다
신흥 명문가 탄생을 온 세상에 알렸다
손녀는 자신의 아름다움은 오직 할머니의 은혜로 돌렸다
극동의 아름다운 나라 코리아가 고향인 손녀는
언제나 제 모습 뽐내며 뭇시선을 한 몸에 받고서
30여 년 세월이 흘렀다
손녀는 할머니 조국에서 초청장이 왔다고 자랑을 한다
환국 시 최고의 예우로 환영해준다는 연락도 받았다
꿈에도 그리운 조국 땅을 자신이 밟지 못해도
손녀가 대신 방문하는데 크게 만족했다

가늘게 뽑은 하얀 모시복 입고 매혹의 향기를 날리는 숙녀가 되어
뭇시선을 한 몸에 담았다
꿈에도 그리던 고향 땅을 밟는 순간 벅찬 감격에 눈물을 쏟아졌다
기지촌 쇼윈도의 마네킹 공주도 덩달아 웰컴이라 목소리 높아지고
베사메무쵸 고요한 그날 밤 길거리에 탱고음이 흐른다

추억의 리라꽃 향기에 취해 모두 기쁨에 넘친다

바코드를 새긴 발가락 외 2편

전 하 라

1 + 1
빈대가 사는 몸속을 클릭해본다
산부인과 피부과 내과를 순환하는 가격대비
의사를 만나는 비용이 비싸기도 하지만
가히 출처를 알 수 없는 통증으로 인한
클릭 베타 발가락 고물거리기와 몸 비틀기
정수리에서 발톱으로 미끄러지는 코드네임 J6

1 × 2
알파파 오메가의 행성이 지구 충돌 직전에 불리는 노래
빅뱅3)의 뱅뱅뱅~^^ 빵야빵야
살짝 스침으로 인한 기울임도 잠시
원상태로 몰리는 별자리들
카시오페아가 떴다
지구 한 켠에서 보이는 나의 별자리는 발가락 옹이4)

1 ÷ ♡
반신욕조 속으로 떨어지는 땀방울이
수분보다 염분 활성일이 제곱이상 붉다

---

3) 한국 보이그룹 이름
4) 본인의 1시집 제목

열 개의 발가락 사이에 놓여진 뱃살빼기 도자기에서 셀룰라이트 분비는 제로
일정량의 피곤지수만 높아진 시간

퉁퉁 불은 엉덩이를 일으킨다
뱃살 칸칸이 주름잡힌 게으름에 70퍼센트 할인 스티커를 붙인다
무료라고 덧붙인 말, 아무도 거들떠보지 않는다
지방시에 전시된 지방흡입술 천만 원
원상복귀로 돈만 날린 바코드에
싸이의 노래가 들린다
쓰바 씨발라먹어

너, 너
도태된 바코드 클릭택의 그림자가 길다

요정을 따라 햄버거를

1.
모모버거병
너도 모르고 형님도 몰라보는 술신이 찾아든다
구들장을 들고 일어나는 그을음을 닥닥 긁어 마신
얼굴이 까만버거 속이다
숙취해소를 돋구는 드링크에 엠플 하나를 따라 마신다

2.
카니발 버거병
걷어차인 상다리가 마루를 지나 마당에서 카니발 춤을 추고 있다
어디서 그리 술을 많이 드셨어요 라는 말에
가차없이 상을 들어 마당에 팽개친 아버지의 주사에
놀란 토끼들은 사랑방에서 귀를 막고 운다

3.
고질버거병
버거 속처럼 버거운 일들이 많은 사람들이
고질병을 버거 속에 채운다
링거주사를 맞으면 고쳐질지
입속을 가득 매운 불평들이 보글거린다

4.
요정버거병
미로를 따라
길을 고르고 골라내어도
도로 그 자리로 돌아온 머피의 법칙
포화속으로 걸어가는 길 위에 서 있다

나를 구원해줄 요정은 없을까
맘스터치에서 싸이버거 한 입 크게 문다

공기주머니

빈터에 나무그림자가 안개 닻을 내리며 눕는다

공기마저 슬그머니 어둠에 기대어 목석이 되어갈 때
살포시 내려앉은 낙엽이
이른 바람사냥을 끝내고 있다

낮 동안
지구의 결 따라 바삐 움직이던 활시위를
접어두고
밤에 투척된 조용함이 잠시 휴식을 취한다

바삐 내딛던 발걸음도 잠시 밖에 세워둔다
어설프게 건네던 말도 적당한 거리에 내건다
바람의 행거에 말의 주머니를 매단다

긴 여운으로 사라진 패턴에
수고의 닻이 하루의 커튼처럼 내려진다

태백선 열차 외 2편

조 은 숙

봄날엔 태백에 가자
황지의원과 황지연못
장성으로 굽이굽이 돌아
넓적한 돌판 위 삼겹살을 처음 만나던 곳
탄가루로 검게 그을린 담벼락 사이로 우뚝선 냉이꽃
출렁다리 위로 검은 강물이 흐르고
딸 같은 처제를 예뻐하던 형부는 그 해 겨울 떠났고
그 겨울 태백이 싫어 서울로 이사온 언니
그 싸늘함을 잊고 봄날엔 태백에 가자
그곳에서 다시 냉이꽃을 피우자
고한역을 고환역으로 발음하던 이십대
미팅한 남자들과 막걸리 잔으로
발음 하나로 킥킥웃던 그 봄날이 온다
서울 생활에 지친 이십대를 쉬게 한 태백
봄날엔 태백선 열차를 타자
철컥철컥 늦은 오후 기차를 타고
지친 이십대를 찾아 어깨를 털어주자

춘자 살롱

시어머님 이름도 춘자이고
시고모님 이름도 춘자이고
그의 초등학교 동창도 춘자이고
그가 잠결에 부른 이름도 춘자이고
춘자가 누구냐고 물었을 때 고모라고
얼버무리던 춘자, 봄처자
혹시 나는 또 잠결에 춘남을 부르진 않았을까, 봄처자
재혼한 시어머니를 큰시누는 우리끼리 있을 때 춘자 씨라 불렀고
춘자 씨 어머님은 아버님이 돌아가신 후
봄바람처럼 친정으로 떠났다

헤어, 속눈썹집, 춘자살롱
그곳에서 속눈썹을 붙이고 연갈색 염색도 하고 싶다
살롱 앞에서 버스를 기다리는데
연둣빛 버스는 오지 않고
봄이 바람난 춘자 인양 아장아장 걸어온다

사량도 사랑

사량도를 사랑이라 읽는다
통영에서 배를 타고 들어간 사량도엔
벚꽃만 있었던 게 아니었다
섬을 달리던 도로 한복판에 방풍나물 한자루를 뜯은 노인이 경운기 옆에 쓰러져 있었다
불의를 보면 참지 못하는 그는 쓰러진 노인을 살피고 동행한 형사 제부는 119에 전화를 해
상태를 상세히 알렸다
언덕아래 작은 배에선 응급벨 소리가 들리고
구급차 없는 사량도에선 노인을 트럭 뒷자리에 싣고 갔다
옆에선 할머니가 통곡하고 방풍나물은 바람에 흩어져 날리고
그 옆에선 편백나무가 물끄러미 바라보고 있었다
그렇게 좋아하는 해삼 한 토막 먹어보지 못하고
사량도 섬 여행은 그렇게 끝났다

지인에게 안부를 물었다
그 할배는 어떻게 되었는지
그 할배는 가망이 없다 합니다
가망이 있기를 바라는 사량도 사랑

그런 놈 외 2편

김 순 수

내 안에 너무 많은 놈

술 먹는 놈은 술만 보면 좋아하고
노래 듣기를 부르길 좋아하는 놈
춤추며 놀고 먹는걸 좋아하는 놈
노래는 못해도 얼굴이 잘생긴 놈
얼굴 잘생겨 자랑질하며 창피해하는 놈
일만하고 외로워 쓸쓸해 하는 놈
여행이 좋아도 떠나기 싫어하는 놈
산과 강과 바다와 하늘을 좋아하는 놈
일더하기 일이 자꾸 삼이라고 우기는 놈
착하고 이쁜 여자만 싫어하는 놈

놈 놈 놈 그런 놈

가끔은 나라는 놈도 있어
항상 그런 놈들 지켜보는 나란 놈이지

후회

눈빛으로 말하였는데
듣질 못했어

몸짓으로 말하였는데
보질 못 했어

기어이
해야 할 말을
아끼고 말았어

달빛 찬란하고
별은 빛나는데
차마
하지 못했던 그 말

행복한 바보

완벽하려 하지말자
친구보다 적이 많더라
너무 완벽해서 흠잡을 데가
하나도 없는 사람은
존경의 대상은 될지 몰라도
좋은 친구는 아니더라
어딘가 조금 부족해 보여야
나머지를 채워주려는
친구들이 많더라
친구들아 쬐메 모자란 듯
그렇게 살제이

그러나
나는 마이 모자라서
불쌍하다

4부
나무가 말을 걸다

사진 한 장 외 2편

박 찬 숙

스르르 찰칵

온 가족이 모여 결혼식 기념사진 찍는 소리이다
증조할머니를 비롯해 아들 손주 며느리까지
4대가 다모인 대가족 가족사진이다

옛날 사진, 어른들께 세배를 마치고
중고등학교 다니는 큰형 아들은 만 원짜리
초등학교 다니는 둘째형 아들은 5천 원짜리를 준다
막내는 아직 학교 안 들어갔다고 천 원짜리 석 장 준다
인간 차별한다고 방바닥에 뒹굴며 울어대던 막내의 아들이 벌써 다 커 결혼하고 사진을 찍는다

펑
어렸을 때 우리 결혼식 때의 가족사진이 펼쳐진다
7남매가 모인 다복한 가족사진이다
김치 하니까 깍두기하고 한마음 된다
그러나 표정들은 제각각이다
근엄한 아버지가 엄숙한 모습으로 서 계신다
인자한 어머니가 기쁨의 눈물을 훔치고 계신다
일남이 큰형아는 사진 속에서도 의젓하게 동생들 군기를 잡을 태세다

일순이 순덩이 누나는 해맑게 웃고 있다
삼남이는 다음엔 내 차례야 하고 흥분되고 상기된 표정이다
이순이 둘째 누나는 정이 유난히 많아 신부와 무어라고 귓속말로 다정하게 이야기 하고 있다
삼순이는 내가 제일 이쁘지 하고 공주 뽐을 잡고 있다
개구쟁이 막내는 아직도 코를 훌쩍거리며
옆에 사람하고 장난을 치고 있다
빛바랜 사진 속에서 그 형제자매가 뛰쳐나온다
까르르 함박웃음 지으며 만면에 미소다
천진난만하던 모습들이 세월의 풍상 속에 계급장이 늘었고
손에 손에는 손주들의 손이 잡혀있다

짱
오늘 찍는 결혼사진 속에서
30년 후의 빛바랜 사진을 상상하며 배시시 웃는다

전설의 코방울

어릴 적 골목대장이던 친구가 하나 있다
싸워서 그를 이긴 사람이 없다
요즘 말로 일진, 소위 짱이었다
그는 코에다 항상 콧물을 달고 다닌다
어떤 땐 코방울을 불기도 해 코방울이란 별명이 붙었으나
누구하나 그 앞에선 별명을 부르지 못한다
하도 심하게 굴기에 엉겁결에 한대 갈긴 것 것이 싸움이 되었고
뒤엉켜 싸우다 보니 그의 코에서 콧물대신 피가 터진다
코방울이 피방울이 되었고 그걸로 싸움은 끝이었다

그의 아들도 코를 달고 다녀 왕방울이라 불러 주었는데
최근 그 친구가 손주를 보았다는 소식이다
다음번 고향길엔 술방울 뜬 동동주 마시며
그의 손주에겐 방울대장으로 불러주고 싶다
돌 선물로 금방울을 쌍방울로 사주고 싶다

감 거울

고향집 뜨락에 감이 탐스럽게 익어 있다
카메라의 앵글을 산등성에 대니 아름다운 꽃밭이 되고
하늘에 대니 까치밥이 된다
하늘에 매달린 감은 우리 집 거울이다
빠알간 속살은 어머님의 사랑이고
검붉은 씨앗은 아버님의 훈계며
가운데 심지는 형제간들의 우애이다
그 사랑을 깊이 간직하고파 나는
감의 껍질을 정성스레 벗겨 누드로 만들어서
통풍이 잘되는 처마 밑에 매단다

처마 밑에 매달린 감이 바랑개비가 된다
햇빛이 빙긋이 웃으니 부끄러워 고개 돌리고
바람이 메롱, 하고 놀려대니
빙글빙글 얼굴 돌린다

긴 긴 세월 비바람과 부대끼더니
피부에 잔주름이 생기고
아이들의 입속에서 전설이 녹아난다
울던 아이 아나 곶감 소리에 울음그치고

호랑이가 놀라 도망갔단다

배고픔의 전설 외 2편

김 경 희

온통 하늘이 노랗다
봄볕에 고개 들어 대지에 솟아나는 허기
그 하늘의 한낮 볕은 등줄기를 휘감을 만치 길었다

누렇게 뜬 달덩이처럼 부풀어 황소 같은 큰 눈만 껌뻑이던 선이
그 선이가 우리 집에 왔다
그녀가 먹을 수 있는 건 없었다
땅으로만 파고 들어가 한 움큼의 진액으로 목구멍을 쓰다듬어 주는 일
그래도 칡넝쿨이 생명의 똬리를 틀고 있어 다행이었다

멸치 눈알과 눈이라도 마주치는 날엔
그녀의 온몸은 술빵처럼 발효되어 부풀었다
하루 이틀 풍선처럼 꺼진 허기가 사라지고
복숭앗빛 뺨에 눈 큰 아가씨가 되었다

서리 내리는 아침 동네 어른들이 모여 간간히 바람처럼 스치는 말
둑방 다리 밑 거지 아이의 영혼이 가벼운 새털처럼 날아갔다고,
등줄기에 찬물을 끼얹은 듯 가슴 콩닥거리며 달려가던 학교

귀에 젖도록 들어온 한 알의 쌀이 영글어 가는 과정

지금도 나는 천성처럼 내 아이들의 밥그릇에 묻은 밥풀에 시선이 꽂히기도 한다
소꿉친구들과 고무줄놀이에 정신이 팔린 나는 해질녘까지 뛰고 놀았다
때맞춰 들려오는 목청 높인 엄마의 목소리
경희야 밥 먹어라

생명

췌장암 말기의 그가 마지막 이승과 저승의 문턱에서
아내인 의사에게 고통 없이 잠드는 죽음을 부탁했다
정신이 혼미한 남편에게 영원한 잠을 부르는 방울방울 떨어지는 액체를 주입하다
다시금 인간 본연의 질박한 투쟁을 택한다
분신인 그를 허공중에 돌려보낼 수가 없었다
혼줄을 놓을 때까지 아내의 이름만 더듬거리며
힘 풀린 다리로 부둥켜안고 게처럼 옆으로만 기는 왈츠를 출 때는
사랑의 힘이 죽음을 밀어내는 듯 했다

끝내 죽음은 의사를 덮쳤지만 해맑은 미소로 남편 마음에 천국을 심던
아내는 그 순간부터 무너져 내리며 오열한다
고통은 이제 산자의 몫이다
죽음의 그림자는 누구에게나 찾아오지만
삶은 그에 맞서 헤어지기 싫은 처절함 죽음을 뛰어넘는
사랑의 힘으로 연약한 생명 이어간다
천국으로 오르는 행복한 죽음은 없었다

유한한 그를 우리는 무한으로 사귀고 싶어 한다
그는 목숨을 관장하는 의사이자 마음을 깨끗이 비운 한 조각 구름 같은 승려
삶과 죽음의 도를 깨치고자 영겁의 시간은 찰나로 흐르고
수수께끼는 아직 진행형이다

길

길을 간다
훤히 보이는 길도
한 치 앞을 볼 수 없는 길도
뚜벅뚜벅 걸어서 간다

힘차게 걸어서 개선장군처럼 돌아온 길도
자욱한 안개 속을 장님마냥 헤메며
옷 단추도 떨어져 나가고
몰골도 이상해져 안식이 필요한 길도 있다

발은 생명있는 날까지 충성을 다하여
굳은살도 박이고 더러는 비뚤어지기도
끝내 무릎에 쇠를 박는 수술까지 하며 걸어야 한다

전지전능한 브레인이 있고 오감이 모두 동원되어 걸었지만
살아오는 길 힘도 들고 실수도 많았다
구비구비 물 흐르듯 하는 후회도 넘쳐난다
볼 수 있는 눈도 정확하지 않을 때가 있고
가려진 내부는 항상 오답을 즐길 때가 많다

우리는 오늘도 길을 간다
바른길 찾아서…

나무가 말을 걸다 외 2편

김 선 균

굴절 없이 책을 읽으며 걸어오는 여인
입가엔 선홍빛 미소 가득 차 있다
그녀와 내 그림자가 겹쳐지는 거리
지면으로 머리를 기울여본다
상관없다는 듯 비켜가는 여인
제목이 읽히지 않았다
눈동자가 여인을 따라간다
한 아주머니가 여인을 비켜서 걸어오며 서로 눈인사 한다
몇 발자국 걷었다가 말을 걸어온다
저 여자 이상하지 않아요
왜요 무슨 일 있어요
책에 한 눈 팔려 걷는 모습이
저의 행동에 비하면 아름다운데요

디지털 빌딩 숲 광섬유 따라 검게 비틀거리는 내게
나무가 말을 걸어온다

떨지[5]

밀려드는 떨지에 같은 방향 엮어간다
도로는 도출된 블록건축물 12층 공사를 마무리한다
바이크 곡선을 그리며 1층이 된다
불쑥 레드카드를 꺼내 드는 삼거리
좌회전 신호등 시간은 꺾을 수 있어도 신호는 꺾을 수 없지
편의점 계산대 위 허기짐 하나 계산원 등에 업혀있던 봄
햇살 내려와 의자에 앉아 젓가락 든다 주택가 골목으로 방문 앞
똑똑똑 똑 (……) 대문 기둥이 앉고 있는 번지
이목구비가 떨지와 쌍둥이다
짜장면 배달 왔어요 전대 속 휴대폰이 울어댄다
노크노크노크 울음을 그치지 않는 휴대폰

삼촌! 손님한테 재촉 전화가 왔는데
내가 번지를 잘못 받아 적었어

이모! 번지 알려줘요
(우리 업소에 컴퓨터가 없는 것이 화근이다)
이동할 게요

---

5) 번지와 주문내용을 받아 적은 전표

틀렸어

되돌아가는 길 위에
짜장면이 퍼져가는 시간
우리의 업무가 퍼져가는 시간
우리의 몸이 퍼져가는 시간

번지를 잘못 받아 적어
짜장면이 취소돼버린 오늘
우리의 하루가 취소돼버린 오늘
떨지가 날아가버린 오늘

전화가 떨지를 뱉어낸다

길

신발이 낡은 표정으路
어제보다 무거워진 나를 길로 안내한다
일상의 다반사路

나를 직장으로 인력사무실路
파도가 넘실거리는 바닷가路
사색을 즐길 수 있는 공원으路
급한 민생고를 처리해주는 화장실路
부모님 계시는 고향으路
생명을 유지하는데 없어는 안 되는 염전으路
따뜻한 잠이 있는 집으路
시공간을 함께 뛰어넘을 수 있는 연극무대路
고향을 살 수 있는 재래시장으路
그녀와 아이 쇼핑을 즐길 수 있는 백화점으路
생활의 편리함을 누릴 수 있는 전자대리점으路
의무교육을 받을 수 있는 학교路
지식이 살아 숨 쉬는 서점으路
불모지에서 언어를 채굴할 수 있게 해주는 대학강의실路

바람

안 춘 식

맘 설레는 처녀
꽃잎 새싹 도시락 싸서
봄나들이 가고

싱숭생숭한 노총각
모르는 척 지게 지고
뒤쫓아 가고

일없는 할배
고사리 손주 손잡고
풍선놀이 간다

모자, 혹은 아내 외 2편

이 재 하

고운 꽃 예쁜 리본을 좋아했던 당신
훌륭한 솜씨로 멋지게 장식하고
거울 보며 잘 어울린다며
친구들 모임에 나가 자랑했던 당신
철따라 맞는 색과 디자인
멋쟁이로 알려진 당신
언제나 밝은 웃음 띠며
모든 어려움을 이겨냈던 당신
나에겐 그윽한 사랑의 향기 남기며
희망을 노래하며 훗날을 약속했던 당신

오늘도 당신 향기를
느끼며 그리워한다

나는 여전히 동해에 산다

강원도 인제를 지나 설악에 도착하여 흠뻑 취한다
진부령에서 구름 사이로 동해를 찾는다
넘실거리는 동해 바다는 언제나 큰 기쁨을 준다
쉼 없이 밀려오는 파도는 지칠 줄 모르는 내 꿈 같다
시원한 파도와 친구되어 멋지게 수영을 한다
바닷물 쓸고 간 자리에 두꺼비 집짓는다
파라솔 그늘에서 캔 맥주 한 잔에 휴식을 취한다
이튿날 아침 일찍 떠오르는 일출을 본다
주문진 어시장 찾아 퍼덕이는 생선 보며 활력을 얻는다
멀리 보이는 오징어잡이 배 위로 나는 갈매기

나는 오늘도 여전히 동해에 산다

여행

처음 그를 만난 것은 싱그러움 가득한 5월의 캠퍼스였다
우리는 어색하게 걸으며 서로를 조금씩 알아가고 있었다
나는 그와 함께 소양댐 유람선 타고 미소 지으며
겹겹이 펼쳐진 깊은 계곡에 취해 있다가
고즈넉한 청평사에 들러 잠시 걸음을 멈춘다
경춘선 기차로 오가며 인연과 추억을 쌓고
청파동 언덕에서 꽃반지 낀다
고향의 편안함으로 소사에 둥지를 틀고
주말이면 구로구 항동의 들길, 철길을 지나
산속 약수터에서 에너지를 충전한다
다정한 소래 포구와 연안 부두를 찾아
친근한 바다 냄새와 인사하고
오는 길에 내가 태어난 구지리를 지나
아파트 앞 황톳길에서 수제비를 먹으며 즐겁게 이야기를 나눈다
여름휴가 때엔 설레는 마음으로
대관령을 넘어 동해를 찾아 강릉 삼척 지나
울진까지 길따라 끝없이 이어지는 바다의 경치를 즐기고
저녁에는 오징어회 먹으며 그와의 행복을 만끽하다

성북동 꾸불꾸불 산길을 따라 북악 스카이웨이 팔각정에서
서울을 가슴에 담고 돌아오는 인왕산길에서
언제나 그와의 만남은 행복하다

숙자 엄마 외 2편

이 정 일

저 아래 점방에 가서
콩지름 천원어치 사고
조 푸 한 모 하고
참지름 쪼그마한 거 한 병 사오이라
그라고 청 좀 땎아라 아부지 올 때 댔다
고등학교 다니는 딸이
엄마 말을 알아듣지 못한다
엄마 뭐라고 했노?
엄마가 보굴이 났다

이놈의 가수내가
탁!

특별한 부탁

산 높아 물 맑은 고향
골이 깊어 숲 우거지고 공기까지 좋은 고향
그 고향에 묵은 친구
선대부터 예수신앙 깊은 집안
자기는 천당을 보았다고 하는 친구
일찍이 장로 되어 지금은 평신도로 있는 친구
부모님께서 물려주신 십자가 걸려 있는 서재에서
어느 날 예수님이 나오셔서 하시는 말씀
나는 하도 오래앉아 있어 힘이 들어
좀 쉬어야겠으니 네가 그 자리에 좀 있으라시네
그 자리는 비워둘 수 없다시네
예, 대답하고 깜빡하였더니 꿈이었단다
그 말 듣고 내가 부탁하였네
앞으로 그런 꿈을 또 꾸게 되면 나도 너 옆에 같이 앉아
있게 해달라고
예수님께 말씀드려 달라고 부탁을 하니
그렇게 하겠다고 쾌히 승낙하고
예수님께서 곧 기별이 있으실 것이라 하네
그런데 그때가 언제인데
오늘까지도 아무 기별이 없네

갈곶리의 전설

나의 외가의 선대가 사시던 맑은 동네
관광지로 유명한 해금강을 품고 있는 고향
큰 땅에서 바다 쪽으로 밀려오다 머물러
곶이라 불리는 땅
그 곶의 끝 부분에 대단한 바위들이 서 있었네
언제부터 서 있는지 아는 사람 없네
진시황제의 불사약 구하러 왔던 서불선생이 흔적 있는 바위
호위병 같은 높은 바위 촛대바위라 이름 붙여진
바위 두세 개 같이 있었네
어느 궂은 날 샛바람 불어 파도쳤네
하도 소란하여 큰 바위 드디어 눈을 떴네
앞에 섰던 촛대바위 없어졌네
그 바위보다 높게 섰던 천년 송도 없어졌네
바다는 말이 없네 갈매기만 날고 있네
누구의 짓이냐고 큰 바위 큰 소리 치네
바다는 잘못이 없다고 항변했네
조금 전에 사라호[6] 태풍 지나갔다네

---

6) 사라호: 1963년 우리나라에 큰 피해를 준 태풍이름

말린 대구 외 2편

장 영 자

통영 해변 좌판에 그가 누워있다
손발이 묶인 채 링거 줄에 의지하여 누워있는 중환자
시간을 말린다
의식은 있으나 꼼짝을 못하는 산송장이다
그들의 묘지에서 바람과 볕에 한 방울 물도 남기지 않으려는 고행자
지극한 정성 하늘에 드리는 공양이다

가슴이 비어 등뼈가 드러나서 우는 것이 아니라
마른 몸을 비빌 때 벗겨진 비늘에 반짝이는 햇빛 때문에
하늘이 바다처럼 보이는 착각이 아름다워
산에서 날리는 송홧가루에 산란기의 기억이 나
슬퍼서 운다
주름살이 생기는 건조한 얼굴에서 마지막 진땀을 낸다
말라가는 상처에 갯내음을 섞어놓는다

봄나들이에 나선 사람들을 구경하려고
게으른 눈을 뜬다
나는 아버지가 생각나 그를 데리고 집으로 온다

서울 가서 금파리되다

파리 날리는 가게 주인의 파리채를 피해 달아난 금파리는
서울 가는 자동차 안에 들어갔다
앞발을 비비며 창에 앉아있는데
고향 떠나면 어쩌려고, 하며 나는 차를 세워 내보낸다
이파리에 앉아 멀어져가는 차를 바라본다
서울 가서 자리 좀 잡으려는데 굳이 쫓을 이유는 뭐람
무임승차한 파리는 차장 표 검사에 화장실로 숨었다가
정차하면 앞에서 내려 뒤쪽으로 올라타 서울로 갔다
연고도 없는 곳에서 어떻게 살았는지
부모 없는 7살 파리한 얼굴의 숙이는 친척집에서
생솔가지 태우는 연기에, 부뚜막에서 울면서 살았다
파리지옥 같은 서울에 와서 파리대왕들에게 두 손을 싹싹 비비며 살았다
서울에서 자리 잡기 해파리가 물에서 사는 것처럼 고되다
날파리 만나고 똥파리도 만난다
집파리 해파리의 옛 기억을 떠올리며 눈에 눈물이 그득하다
잔치 없이 결혼해서 아들딸 손자손녀 돈 벌고 집도 사고
파리바케트에서 빵도 사고 파리로 여행을 간다
파리한 강아지 꽁지치레하듯 금파리가 되었다

노인과 씀바귀

천천히 버스에 오른 한 노인이 미안한 듯 큰소리로 말한다
나를 몰라보는데 일주일에 한 번씩 가
몰라본지 오 년째 마누라 요양원에 있어
다달이 돈 들어가지 나는 몸이 아프지
애들은 일곱인데 하나 죽고 여섯 있어
박사도 있고 의사도 있지만 치매는 못 고쳐
늙고 죽는 것이 뭔지 죽지 않으려고 발버둥만 치지
몰라보는 마누라 섭섭해도 두고 돌아설 때는 기억상실이 다행이오

나는 한양도성 성곽길 높은 돌담에 핀 씀바귀꽃
돌담 사이 손톱만한 황사 먼지에 의지한다
비바람에 위태하나 하늘이 가까워 위안을 받지
스스로 선택하지는 않았지만 여기까지 살아낸 내가 대단해
하얀 침을 흘리며 낮잠을 자기도 하지
목말라 깨보면 아무도 없어
저 아래 보이는 노랑색 꽃 내 애들인지 기억이 안나
집을 찾지 못해 돌담에 자리 잡은 나는 치매인가

가끔씩 찾아주는 바람에 얼굴을 흔들면서 묻는다
누구세요

고향 여름밤의 진술서 외 2편

정 일 주

무더위에 문단속도 못하고 잠이 들었는데 비몽사몽 중에 밖에서 발자국 소리가 들여왔어요. 복면을 한 건장한 괴한이 집안으로 들어와 이불을 걷어 재치고는 손으로 내 가슴을 마구 더듬고 주무르면서 추행을 했답니다. 치한의 행동을 살펴보니 작년에도 왔던 아랫마을 청년을 닮았어요. 그는 지난여름 밤에도 시집갈 처녀들을 골라 친구들과 집단으로 폭행한 전과도 있답니다. 어제 밤은 너무 두려워 고함칠 생각은 하지도 못 했어요

그는 영근 내 가슴을 한동안 두드리고 만지더니 나를 덥석 들어 품에 안고는 산등선 위로 정신없이 뛰어갔어요, 나를 잔디 위에 내려놓고는 가쁜 숨을 몰아쉬고 나서는 나에게 입맞춤을 하더니 두려움에 떨고 있는 나의 안면을 갑자기 주먹으로 내려쳐 나는 피를 흘리며 몽환적 상태에 빠져들었지요, 기절한 나를 바라보던 그는 흡혈귀로 변해 나의 가슴을 마구 빨아 댔어요, 달다 맛있다하며 욕구를 다 채우자 나를 버리고 어둠속으로 사라졌어요. 나는 두려움에 소리 한번 지르지도 못하고 몸을 다 내주고 말았답니다.

달이 잠든 여름밤에 추행 당한 친구들이 고발을 해도 증거불충분으로 수사가 어렵다고 하네요 세상물정 모르고 청정 고향에서 곱게 자라 여름밤에는 추행도 당하고 또 어디

론가 팔려가 난도질당하며 온 몸을 다 내주고 생을 마감하는 우리의 일생, 정말 여름은 두렵고 싫어요.

바다로 가는 버스

어린이날, 대공원에서 버스에 승차했다
만원버스가 출발하자 광고방송이 나왔다

당신의 가슴을 아름답게 해드립니다
물방울 수술은 미래의 성형외과로
당신의 가슴을 더욱 예쁘고 아름답게
볼륨 있는 몸매는 미래 성형외과로

풍선을 든 아이가 큰 소리로 묻는다
-엄마! 엄마! 물방울 가슴이 뭐야?
당황한 엄마는 옆 사람 눈치 보기 바쁘다
-엄마! 물방울 가슴이 뭐냐니까?
-그거는 언니들이 예뻐지라고 하는 거야
-그럼, 엄마도 물방울 수술 해야겠다
안색이 홍당무인 엄마가 딸의 팔을 툭 치자
딸은 더 큰소리로 엄마를 부른다
- 엄마, 엄마! 나도 크면 물방울 수술할 거야
그래야 가슴이 예뻐진다고 하잖아

버스는 웃음바다다

유감遺憾

시장기가 들면 먹어야 하니
살기 위해 먹는다는 말이 맞지 않을까
우린 육칠 미터 되는 창자를 채우기 위해 매일 세 번의 식사를 한다
직장인이나 노동근로자 또는 서민들이 찾는 식당에도
최저임금 인상으로 메뉴판 가격이 모두 바뀌었다
천 원 하던 서민의 김밥은 한 줄에 이 삼천 원 이상으로 인상되었다

그는 김밥인생이다
이른 새벽에 허기진 순대에 이천 원짜리 김밥 한 줄을 먹이고
순대를 위해 공사현장으로 달려가 고달픈 하루를 보낸다
오후에는 큰 맘 먹고 빈 순대를 채우기 위해 식당으로 향했다
음식 값은 인상되었는데 순대국밥에 들어간 순대는 양이 줄었다
최저임금 인상 전에는 순대국밥을 먹고 나면 속이 든든했다
그런데 순대국밥 값이 인상된 후로는 먹어도
순대를 채우지 못해 늘 속이 허전하다

인심이 날로 각박해
순대는 늘 허전하다

거실에 핀 냉이꽃 외 2편

황 주 영

너른 들판에 살아도 더부살이 하듯 눈치를 보는 너
어쩌다 내 사군자 화분에 숨어들었나
톱니처럼 생긴 떡잎들이 까칠하고 모질구나
감히 위로 치솟지 못하고 화분 바깥 아래로 꽃대를 뻗어
하얀 모래알 꽃들을 안개처럼 피우네
본성 가진 족보만 있고 선대의 문집이 없는 너는 가짜양반
네 분수를 알아 차라리 상놈 조상이 더 마음 편했지
굶주린 사람들이 봄눈을 헤집어 찾아 준 덕분에
너는 굶어본 적 없는 상놈
족보와 문집을 모두 가지고도 꽃피울 줄 모르는 난초보다
꽃 중에 가장 작은 꽃을 피워 감사할 줄 아는 네가 진짜 양반
내가 남길 문집 표지에 너를 옮겨 그린다

말이 말 아닌 한글 전용법

핏빛으로 열하熱河라 새겨진 돌비석을 방송에서 보았다 강물에 손을 담구더니 뜨겁지 않다고 했다 열하일기란 말을 교과서에서 본 듯하고 예순 중반 나이에 한글번역본을 읽었지만 뜨거운 강일 줄은 상상도 하지 못했다 그저 열하일기였을 뿐이다 만리장성을 넘어 북으로 2백리 길에 뜨거운 강이 있다 청나라 황제들은 해마다 피서를 핑계로 사냥을 가서 몽고족을 위협했다 강물이 뜨거울 이유가 또 있었다는 걸 나는 놓쳤다 차가운 한강에선 빨갱이 말이 되어 읽지도 쓰지도 못했다 연암선생이 별세하고 100년 후 일제 식민지가 되어서야 처음으로 일본인이 번역을 했다 해방이 되자 무지막지한 그가 왔다 그의 손아귀에 잡힌 나는 한글 전용세대다 오른 편엔 재갈물린 내 입을 틀어쥔 그가 서 있어 오른 쪽을 살필 수가 없다 왼쪽 눈은 갓 쓰고 등에 올라 고삐를 쥔 선비의 눈치를 살피느라 앞을 잘 보지 못한다 대문 안으로 바로 들지 못하고 언제나 이리 오너라 부른 후 한자의 허락을 받아야 한다 한자를 도배하고 사는 일본인은 뜨거운 강을 단박 알아보고 한 발 앞서 노벨상을 마구 쓸어 담는다 말잡이 행세하는 그는 초립에 흰 두루마기를 걸친 일본군이다 백범선생이 그랬듯이 그를 때려죽일 자 없는가

신분 세탁

용이 되기를 간절히 바랐
던 나는 왕눈이 두꺼비가 되었습니다
던 하늘을 오르고 싶었
던 나는 파리와 지렁이와 개구리까지 잡아먹
던 뛰고 또 뛰어 올라 두엄 위에 올랐
던 길道을 잘못 들었
던 질이 나오
던 갑이었지만 늘 갑이 아니었
던 나는 무던히도 갑질을 했
던 한 숨 돌려 먼 산을 보니 송골매가 떠있
던 나살려라 하고 잽싸게 뛰었
던 발라당 뒤집혔
던 허연 배를 하늘에 대고 버둥거렸
던 더 이상 두꺼비가 아닌 그 무엇이
던 나는 내가 누구인지 모르
던 운 좋게 목숨을 구하
던 내가 잡아먹었던 것들이 생각났
던 전철에서 은행에서 구청에서 비행기에서 그들을 보
던 군대서 빠따 맞
던 회사에선 마름한테 구박받
던 입사면접에서 떨어졌
던 그들이 갑이 되었

던 그들은 길道을 바르게 걷
던 다른 세상에 와 있
던 나는 실눈 뜨고 가만 엎드려 있
던 내일 또 다른 무엇이 되
던 나는 내가 누구인지 모르
던

던더러러 던던 던던!

국립중앙도서관 출판예정도서목록(CIP)

이 도서의 국립중앙도서관 출판예정도서목록(CIP)은 서지정보유통지원시스템 홈페이지(http://seojinlgokr)와 국가자료공동목록시스템(http://wwwnlgokr/kolisnet)에서 이용하실 수 있습니다.

(CIP제어번호 : CIP2018025944)

고려대학교 평생교육원 시창작과정
2018년 1학기 제15기 엔솔로지

여름의 반란

초판인쇄일 2018년 08월 16일
초판발행일 2018년 08월 20일

지은이 : 고려대 평생교육원 시창작과정
발행인 : 김순진
편집장 : 전하라
디자인 : 김초롱
펴낸곳 : 문학공원
등 록 : 2004년 3월 9일 제6-706호
주 소 : 우편번호 03382 서울 은평구 통일로 633
녹번오피스텔 501호 스토리문학사
전 화 : 02-2234-1666
팩 스 : 02-2236-1666
홈페이지 : http://cafe.daum.net/yob51
이메일 : 4615562@hanmail.net

※ 책값은 뒤표지에 있습니다.